동시**로** 생각하고
수필**로** 이해하고
문제**로** 논술하는

로로로 초등 국어

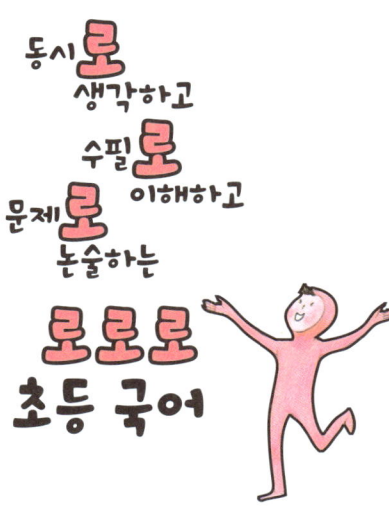

동시로 생각하고
수필로 이해하고
문제로 논술하는

로로로

초등 국어

4학년

글 윤병무 | 그림 이철형

국수

단원 개요

국어 교과서의 단원별 열쇠 말을 의문형 문장으로 짧게 써 놓았어요. 독자의 궁금증을 이끌어 내기 위함이에요. 자발적 배움은 궁금함에서 시작되니까요.

국어 동시

동시로 국어를 배워요. 이야기가 있는 국어 동시를 읽으면서 단원의 핵심 개념을 느끼고 생각하면서 자연스레 배울 수 있어요. 이야기의 힘이에요. 동시와 어울린 그림 또한 마음에 스미게 해 주어요.

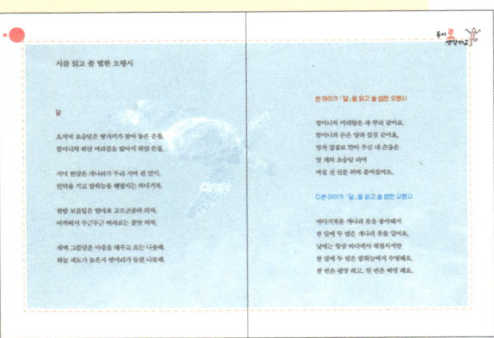

이 책의 구성

국어 수필

국어 지식을 수필로 풀어냈어요. 논설문이 아니라 저자가 공부하고 생각해서 쓴 국어 수필이에요. 그럼에도 독자는 읽어 내야 이해할 수 있어요. 이 책의 수필은 지식이 쌓이고 마음이 살지는 글이에요.

논술 문제

정답을 요구하는 문제가 아니에요. 독자의 자유로운 생각을 이끌어 내는 서술형 문제예요. 자신의 생각을 분명하게 써 보는 게 중요해요. 생각은 글로 나타낼 때 깊어지고 넓어져요.

머리말 국어라는 들꽃밭 • 12

① 시를 읽은 느낌을 자유롭게 표현하기 • 17
　생각과 느낌을 나누어요

② 들은 말과 읽은 글을 간추리기 • 25
　내용을 간추려요

③ 듣는 사람의 기분을 생각하며 말하기 • 33
　느낌을 살려 말해요

④ 글에서 '사실'과 '의견'을 구분하기 • 41
　일에 대한 의견

⑤ 이야기 작품의 뒷이야기를 그럴듯하게 상상하기 • 49
　내가 만든 이야기

차례

⑥ **역할을 정하고, 절차에 맞게 회의하기 • 57**
회의를 해요

⑦ **국어사전에서 낱말 찾기 • 67**
사전은 내 친구

⑧ **'제안하는 글'과 '문장의 짜임' • 77**
이런 제안 어때요

⑨ **한글을 만든 원리를 이해하기 • 85**
자랑스러운 한글

⑩ **만화 속 인물의 마음을 짐작하기 • 93**
인물의 마음을 알아봐요

⑪ **끝맺은 영화의 '이어질 장면'을 상상하기** • **101**
이어질 장면을 생각해요

⑫ **진심을 표현한 편지글 쓰기** • **109**
마음을 전하는 글을 써요

⑬ **'대화 예절'을 지켜서 바르게 대화하기** • **117**
바르고 공손하게

⑭ **'인물·사건·배경'을 살피며 이야기 읽기** • **125**
이야기 속 세상

⑮ **'문장의 짜임'을 이해하고, 의견을 제시한 글 쓰기** • **133**
의견이 드러나게 글을 써요

차례

⑯ **전기문 속 인물의 삶을 생각하기** • 141
본받고 싶은 인물을 찾아봐요

⑰ **독서 감상문을 자주 써 버릇하기** • 149
독서 감상문을 써요

⑱ **읽은 글의 내용을 평가하기** • 157
생각하며 읽어요

⑲ **시를 읽은 느낌을 여러 가지로 표현하기** • 165
감동을 나누며 읽어요

찾아보기 • 173

머리말
국어라는 들꽃밭

　과학의 숲을 지나, 수학의 산을 넘어, 국어의 들판을 지납니다. 돌이켜 보면, 그랬습니다. 비유하자면, '로로로 초등 과학'을 쓸 때는 나무와 새가 어울려 사는 숲을 지나는 것 같았습니다. 자연이 숨 쉬는 숲길에서 제 마음도 호기심 많은 어린이와 같았습니다. '로로로 초등 수학'을 쓸 때는 가파른 산을 오르는 것 같았습니다. 암벽을 만나 수직으로 올라야 할 때는 헛디디지 않으려고 애썼습니다. 수학 공부가 그렇듯이, 힘든 만큼 성취감도 느꼈습니다. '로로로 초등 국어'의 길은 들꽃이 만발한 들판이었습니다. 말과 글로 피어나는 국어는 갈 길 앞에서 발길을 붙잡는 들꽃밭이었습니다. 이어서 나올 '로로로 초등 사회'는 또 어떤 풍경일지 궁금합니다.

국어는 언어입니다. 인류는 언어를 사용하면서 비로소 '사람'이 되었습니다. 인류는 민족마다 수천, 수만 개의 낱말로 꽤 자세한 생각과 섬세한 감정을 서로 주고받습니다. 그것이 말과 글로 표현된 언어이고, 우리말은 국어입니다. 가까이 있는 사람끼리는 말소리로 의사소통합니다. 멀리 있는 사람끼리는 글로써 표현합니다. 또 이미 오래전에 사셨던 분들이 남긴 글은 수백 년이 지난 오늘날에도 읽습니다. 이렇게 언어는 사람만이 만들어 사용하는 훌륭한 문화입니다. 그러니 우리 국어를 올바르게 배우고 익혀서, 잘 듣고, 잘 말하고, 잘 읽고, 잘 써야겠습니다.

　동시와 수필은 둘 다 문학이지만, 그 둘은 사뭇 다릅니다. 동시는 종이비행기와 같고, 수필은 연(鳶)과 같습니다. 동시는 어디로 날아갈지 알지 못합니다. 손을 떠난 종이비행기가 어떻게 활공하여 얼마큼 날아갈지는 비행기를 날린 사람도 모릅니다. 그것이 동시(시)의 매력입니다. 그래서 동시는 쓰는 사람도, 읽는 사람도 자유롭습니다. 반면에, 수필(산문)은 연처럼 얼레와 연줄에 매여 있습니다. 그래서 수필(산문)은 연을 날리고 싶은 방향과 높이를 가늠하여 조종할 수 있습니다. 그

둘의 장점을 살려서 이 국어 시리즈도 교과 단원의 핵심 개념을 주목하여 썼습니다. 정답을 요구하지 않는 서술형 문제는 독자의 미래를 위한 덤입니다. 그 문제들이, 가만히 생각하는 어린이 독자에게 봄이면 피어날 '겨울눈'*이 되기를 바랍니다.

국어 시리즈도 이철형 화가와 함께 작업했습니다. 화가의 마음을 닮은 그림들은 어색한 꾸밈도, 지나친 과장도 없어서 참 자연스럽습니다. 더불어, 국어 시리즈의 그림들은 완성된 그림과 완성되지 않은 그림들이 함께 수록되어 있습니다. 절반이 넘는 그림을 일부러 완성하지 않은 채 실었습니다. 색칠하지 않은 부분은 독자의 몫으로 남겼습니다. '로로로' 시리즈는 융합 교육을 지향합니다. 국어 시리즈는 문학뿐만 아니라, '미술'과도 연결했습니다. 그러니, 미완성 그림에는 독자가 자유롭게 색칠해 보기 바랍니다. 생각과 느낌은 마음을 따르는 손이 더욱 잘 표현할 수 있습니다.

앞서 나온 '로로로' 시리즈에 대한 서평을 인터넷 서점에서 읽었습니다. 그 요지는 이랬습니다. '내가 자라던 시절에도 이런 책이 있었더라면……. 재미없는 수학을 삼촌이 조곤조곤

쉽게 이야기해 주는 느낌.' 제 얼굴은 빙그레 웃었고, 마음은 흐뭇했습니다. 그 독자분의 마음과 같은 마음에서 '로로로' 시리즈가 시작되었기 때문입니다. 공감에 감사드립니다.

2020년 초봄에
저자 윤병무

* 겨울눈: 가을에 나뭇가지에 생겨서 겨울을 넘기고 봄에 자라는 싹.

1
시를 읽은 느낌을 자유롭게 표현하기

시를 읽는 느낌이 독자마다 다른 까닭은 무엇일까요?
시를 읽은 느낌을 어떻게 표현하면 좋을까요?
읽은 시에 대하여 오행시를 써 보고,
몸짓과 말로도 표현해 보고,
그림도 그리고, 편지도 써 보아요.
시의 느낌은 자유로우니까요.

생각과 느낌을
나누어요

시를 읽고 쓸 법한 오행시

달

초저녁 초승달은 땅거미가 깎아 놓은 손톱.
할머니의 하얀 머리칼을 닮아서 하얀 손톱.

저녁 반달은 개나리가 무리 지어 핀 언덕.
언덕을 지고 밤하늘을 헤엄치는 바다거북.

한밤 보름달은 엄마표 고르곤졸라 피자.
아까워서 두근두근 바라보는 꿀맛 피자.

새벽 그믐달은 아침을 태우고 오는 나룻배.
하늘 파도가 높은지 뱃머리가 들린 나룻배.

한 아이가 「달」을 읽고 쓸 법한 오행시

할머니의 머리칼은 파 뿌리 같아요.
할머니의 손은 양파 껍질 같아요.
양파 껍질로 깎아 주신 내 손톱은
열 개의 초승달 되어
며칠 전 신문 위에 흩어졌어요.

다른 아이가 「달」을 읽고 쓸 법한 오행시

바다거북은 개나리 옷을 좋아해서
한 달에 두 번은 개나리 옷을 입어요.
낮에는 항상 바다에서 헤엄치지만
한 달에 두 번은 밤하늘에서 수영해요.
한 번은 평영 하고, 한 번은 배영 해요.

　동화를 읽을 때와는 다르게 시를 읽을 때는 느낌이 달라요. 동화에는 줄거리도 있고, 등장인물도 있고, 이야기 속에 사건도 있어서 그 내용을 읽는 독자들은 대개 비슷한 느낌을 받아요. 이를테면, 독자는 콩쥐를 구박하는 새엄마는 나쁘다고 생각하고, 가엾고 마음 착한 콩쥐가 잘되기를 바라요. 반면에 어떤 시에는 줄거리도 없고, 등장인물도 없고, 겉으로 드러난 사건도 없어요. 그래서 그런 시는 동화처럼 읽어서는 안 되고, 그렇게 읽을 수도 없어요. 따라서, 그런 시는 마음으로 느낄 따름이에요. 그런데 시를 읽는 독자의 마음은 사람에 따라 다르고, 읽을 때의 상황에 따라 달라요. 독자의 마음은 한결같지 않아요.

시를 읽는 느낌이 독자마다 다른 까닭은 무엇일까요? 우선은 ==독자마다 시의 같은 내용을 서로 다르게 느끼기 때문이에요.== 앞의 동시에서처럼, 초저녁에 뜬 흰색 초승달이 마치 백발인 할머니께서 깎아 주신 손주의 손톱 같다는 내용을 '독자 1'이 읽었어요. 그러고는 자기 할머니의 머리칼도 파 뿌리처럼 하얀 것을 떠올리며 시의 그 대목을 마음에 담았어요. 반면에, '독자 2'는 자기 할머니의 머리칼 색이 하얗지도 않거니와 그런 자기가 경험이 없어서 그 대목은 그냥 지나쳤어요. 그것은 ==시를 읽고 재미를 느낀 점이 다르기 때문이에요.== 대신, 수영을 좋아하는 '독자 2'는 같은 시의 다른 대목이 더 마음에 닿았어요. 그래서 '독자 2'는 바다거북이 개나리 옷을 입은 반달 모양으로 밤하늘을 헤엄치는 것 같다고 표현한 장면을 재미있게 읽었어요.

시를 읽은 느낌은 독자마다 달라도, 그 느낌을 어떻게 표현하면 좋을까요? 앞의 동시에서처럼 ==오행시를 짓는==

것도 좋아요. 오행시를 지으면, 읽은 시와 함께하는 느낌이 들뿐더러 그 느낌이 더 새로워져요. 또는 시의 장면을 몸짓으로 표현해 보는 것도 좋아요. 잠시 바다거북이 되어서 그 수영을 흉내 내는 것도 재미있어요. 바다거북은 어떻게 헤엄칠까요? 또, 시 속의 인물이 되어 말해 보는 것도 좋아요. 내가 바다거북이 되어, 시에는 없는 내용이지만 "아, 시원하다. 밤바람 파도가 시원하구나!" 식으로요. 그림으로 표현하는 것도 좋아요. 시는 글이지만, 그 내용이 마음속에 그려지기도 하니까요. 그 그림도 독자마다 다르겠지요. 시 속의 인물에게 편지를 써 보는 것도 좋아요. 보름달 같은 피자를 만들어 주신 시 속의 엄마께 편지를 쓴다면 뭐라고 쓸까요? "시 속의 엄마랑 우리 엄마랑 바꾸면 좋겠어요."라고 쓸까요? 뭐라고 쓰든 그것은 독자의 자유예요. 시를 읽는 느낌이 자유롭듯이 말이에요.

• 아래의 두 물음을 읽고
 스스로의 생각을 자유롭게 써 보아요.

1. 앞의 동시를 읽고, 또 다르게 느끼는 독자로서 오행시를 지어 보세요.

2. 이 장과 연계된 국어 교과서에서도 독자에게 시를 읽고 오행시를 지으라고 권해요. 왜 삼행시를 쓰라고 하지 않고, 오행시를 쓰라고 할까요?

2 들은 말과 읽은 글을 간추리기

설명하는 말을 듣고 그 말을
어떻게 간추리면 좋을까요?
설명하는 글을 읽고 그 글을
어떻게 간추리면 좋을까요?
이야기 글을 읽고는 그 이야기를
어떻게 간추리면 좋을까요?
설명하는 말을 듣거나 글을 읽고
중요한 내용을 간추려 보아요.

내용을
간추려요

간추리기의 간추리기

오늘도 **간추리기**는 **말**과 **글**을 간추려요.
무엇을 설명하는 말을 듣거나 글을 읽으면
그 **말**과 **글**의 뼈대가 공책으로 이사 와요.

간추리기가 '설명하는 **말**'을 간추릴 때는
먼저, **듣는 목적**을 생각해요.
오늘은 감기를 예방하고 싶어서 방송에 나온
의사 선생님의 설명 말씀을 들어요.

그러고는, **아는 내용**이나 **경험**을 떠올려요.
감기는 감염병이라는 것은 아는 내용이고,
지난겨울에 감기로 고생한 경험은 생생해요.

그다음은, **들은 내용**을 어떻게 할지 생각해요.
외출하고 돌아오면 손과 코를 깨끗이 씻고

너무 피곤하지 않게 생활해야겠다고 마음먹어요.

간추리기가 '설명하는 글'을 간추릴 때는
먼저, 글 속의 중심 문장을 찾아요.
'설명하는 글'은 대개는 '중심 문장'으로 시작해요.

그러고는, 뒷받침 문장을 정리해요.
'뒷받침 문장'은 연 꼬리처럼 '중심 문장'을 뒤따라요.

간추리기가 '이야기 글'을 읽고 간추릴 때는
이야기의 시간, 장소, 사건을 중심으로 간추려요.
그럼 이야기 흐름이 하늘에서 본 강물처럼 보여요.

간추리기가 자료를 읽고 나면 도형으로 표현해요.
나뭇가지, 몇 개의 동그라미, 수직선이 그것이에요.

나뭇가지 도형은 이야기의 전개도가 되어요.
몇 개의 동그라미는 내용을 비교하기 좋아요.
수직선 도형은 시간과 일정을 보기 쉽게 정리해요.

자유롭게 색칠하여 그림을 완성해 보세요.

　앞의 동시는 말과 글을 듣고 읽고 간추리는 방법에 대하여 간추린 시예요. 이 동시는 국어 교과서에서 가르치는 내용을 간추린 것이에요. 말과 글을 간추리고 또 간추리면 무엇이 남을까요? '말'과 '글'이라는 한 글자씩만 남을 수도 있어요. 그래서 말이든, 글이든 지나치게 간추리면 내용이 없어요. 따라서, 무엇을 설명하는 말이나 글을 간추릴 때는 그 말과 글이 담고 있는 핵심 내용은 꼭 담아야 해요. 핵심(核心)은 한자어예요. 씨 핵(核), 마음 심(心)이에요. 한자대로 뜻을 풀면 '마음의 씨앗'이지만, 국어사전에 나와 있는 핵심의 뜻은 '사물의 가장 중심이 되는 부분'이에요. 씨앗은 식물의 근본이고, 마음은 사람의 근본이니, 핵심의 한자 뜻은 그럴듯해요.

무엇을 설명하는 말을 듣고서는 그 내용을 어떻게 간추리면 좋을까요? 그 방법은 앞의 동시에 간추려 놓았으니, 간단히 정리만 할게요. 첫째는 듣는 목적을 생각하는 것이에요. 반려견 키우기를 설명하는 말을 듣는 목적은 개를 키우고 싶은 마음에서 비롯되어요. 둘째는 아는 내용과 경험을 떠올리는 것이에요. 개를 키우려면 예방 접종을 해 주어야 한다는 것은 이미 들어서 알고 있어요. 개에게 용변 보는 일도 가르쳐야 한다는 것도 친구네 집에서 보아서 알아요. 셋째는 들은 내용을 어떻게 할지 생각하는 것이에요. 돈으로 반려견을 사는 방법도 있지만, 유기견 센터에서 보호하고 있는 강아지를 데려오는 방법도 있다는 설명을 듣고는 그래야겠다고 마음먹는 것이 그것이에요.

무엇을 설명하는 글을 읽고서는 그 내용을 어떻게 간추리면 좋을까요? 첫째는 글 속의 중심 문장을 찾는 것이에요. 그러고는, 그 중심 문장을 자세하게 나타낸 뒷받

침 문장을 정리하면 좋아요. 무엇을 설명하는 글에는 '중심 문장'과 '뒷받침 문장'이 따로 쓰여 있기 마련이에요. 이야기 글을 읽고 그 내용을 간추릴 때는 이야기에 나타난 시간, 장소, 사건을 중심으로 간추리면 좋아요. 그러면, 이야기 흐름이 한눈에 보여요. 그런가 하면, 어떤 자료를 읽고는 그 내용을 도형으로 간추려 그려도 좋아요. 이야기의 전개도는 나뭇가지 도형으로 그리면 좋아요. 등장인물들과 일어난 사건을 나뭇가지 모양으로 정리할 수 있으니까요. 두세 가지 내용을 비교하기 좋은 도형은 동그라미예요. 동그라미의 부분을 겹쳐 그려서 각각의 차이와 공통점을 동그라미 안에 쓰면 되어요. 수직선 도형은 시간에 따라 변하는 일정을 알기 쉽게 정리해 주어요. 이처럼, 말과 글을 간추리는 방법은 여러 가지예요. 말이나 글의 내용과 특성에 따라 여러 방법으로 간추려 보아요.

• 아래의 두 물음을 읽고
  스스로의 생각을 자유롭게 써 보아요.

1. 무엇을 설명하는 자료를 읽으세요. 그러고는 앞의 수필에서 소개한 '도형'을 선택하여 읽은 내용을 그림으로 그려 간추리세요.

2. 동화를 읽으세요. 그러고는 그 동화에 나타난 '시간, 장소, 사건'을 중심으로 읽은 동화의 줄거리를 간추리세요.

3
듣는 사람의 기분을 생각하며 말하기

동생에게는 어떻게 말하고 행동하면 좋을까요?
친구에게는 어떻게 말하고 행동하면 좋을까요?
웃어른이나 여러 사람 앞에서는
어떻게 말하고 행동하면 좋을까요?
듣는 사람의 기분을 생각하며
적절한 표정과 몸짓과 말투로
말해 보아요.

느낌을
살려 말해요

말의 꽃

한 아이가 아홉 살 **동생**에게 말해요.
"야, 넌 여태 구구단도 못 외우냐!"

다른 아이가 아홉 살 **동생**에게 말해요.
"구구단은 외워 두면 꽤 편리해.
구구단은 쉽고 빠른 곱셈이거든."

한 아이가 **친구**에게 말해요.
"화석이 뭔지 모른다고?
과학 시간에 또 졸았냐?"

다른 아이가 **친구**에게 말해요.
"화석은 아주아주 오래전에 갑자기
땅에 묻힌 동물이나 식물의 흔적이래.
화석 모양은 네가 좋아하는 붕어빵 틀 같아."

동시로 생각하고

한 아이가 **학생들** 앞에서 말해요.
"내가 우리 반 반장이 되면
모두에게 햄버거 하나씩 돌리겠습니다."

다른 아이가 **학생들** 앞에서 말해요.
"제가 반장으로 선출되지 않더라도
우리 반 반장을 열심히 돕겠습니다."

한 아이가 **자신**에게 말해요.
"일이 이렇게 된 건 내 탓이 아니야."

다른 아이가 **자신**에게 말해요.
"내가 잘했으면 일이 이렇게 되진 않았을 텐데."

말은 **예의**에서 꽃피어요.
말의 꽃은 남을 위하는 마음에서 자라나요.
꽃이 피지 않으면 열매도 맺지 않아요.

　매일 우리는 말하고 행동하면서 생활해요. 내가 한 말과 행동은 누군가를 향하는 내 마음의 표현이에요. 아침밥을 차려 주시는 엄마께 하는 말과 행동도 그렇고요, 등굣길에서 만난 친구에게 하는 말과 행동도 그렇고요, 수업받을 때 선생님께 질문하거나 대답하는 말과 행동도 그렇고요, 학급 반장 선거에 나와서 하는 말과 행동도 그렇고요, 학교 앞 문구점 주인께 하는 말과 행동도 그렇고요, 집에 돌아와서 동생에게 하는 말과 행동도 그렇고요, 멀리 계신 할머니와 통화할 때도 그래요. 그런데, 누군가에게 말하고 행동하는 일은 쉬운 일일까요? 어떤가요? 누군가와 주고받은 말 때문에 서로가 불편한 마음이 생긴 적도 있지 않나요?

말하고 행동하는 일은 쉽기도 하지만, 나의 말과 행동이 적절하지 않을 때는 상대방의 마음이 상할 만큼 문제가 생기기도 해요. 그럼 어떻게 말하고 행동하는 것이 적절하게 표현하는 걸까요? 그것은 상황에 따라, 상대에 따라 달라요. 그리고 나의 말과 행동이 언제, 누구를 향하더라도, 그때의 내 표정과 몸짓과 말투는 잘 어울려야 해요. 상대가 내 동생이라고 하더라도, 내가 동생에게 함부로 말하고 행동하면 동생은 마음 상하기 마련이에요. 친구도 마찬가지예요. 친한 사이라고 생각 없이 말하고 행동하면 친구는 내 말과 행동에 화날 수 있어요. 그것은 처지를 바꾸어도 같아요.

따라서, 동생에게 말할 때라도 친절하게 대하면 더욱 좋겠지만, 그렇지 않더라도 동생이 기분 나쁘지 않도록 해야 해요. 친구에게도 마찬가지예요. 다시 말하면, 누군가에게 말하고 행동할 때는 반드시 듣는 사람의 기분을 생각해야 해요. 동생에게 무엇을 설명할 때는 알아듣기 쉬

운 말로 해야 해요. 친구에게 무엇을 설명할 때는 친구가 관심 있어 할 만한 내용을 예로 들면서 걸맞은 몸짓과 편안한 말투로 말하면 좋아요. 웃어른이나 여러 학생 앞에서 말할 때는 밝은 표정으로 높임말을 써서 또박또박하게 말하면 좋아요. 그런데, 상황에 따라, 상대에 따라, 적절한 표정과 몸짓과 말투로 내 마음을 표현하기란 쉽지는 않은 일이에요. 그렇게 적절하게 말하고, 마땅하게 행동하려면 먼저 지금이 어떤 상황인지를 알아차려야 해요. 또 무엇보다, 상대를 위하는 마음이 내 마음속에 자리 잡고 있어야 해요. 그 마음이 예의예요. 예의를 갖추기란 어른들도 쉽지 않아요. 그래서 우리가 자주 거울 속의 나를 보듯, 가끔은 내 마음을 들여다보아야 해요.

• 아래의 두 물음을 읽고
  스스로의 생각을 자유롭게 써 보아요.

1. 동생에게든, 사촌 동생에게든, 선생님께서 학생들에게 설명하시듯, 내가 알고 있는 내용을 알아듣기 쉬운 말로 설명해 보세요.

2. 부모님이나 이모나 삼촌께 높임말을 쓰고 있나요? 그렇다면, 그러는 까닭을 쓰고, 그렇지 않다면, 그렇지 않은 까닭을 쓰세요.

4 글에서 '사실'과 '의견'을 구분하기

'기행문'이란 무엇일까요?
겪은 일을 쓴 글을 무엇이라고 할까요?
겪은 일에 관한 생각과 느낌을 쓴 글을
무엇이라고 할까요?
기행문이나 수필을 읽고,
글에 나타난 '사실'과 글쓴이의 '의견'을
구분해 보아요.

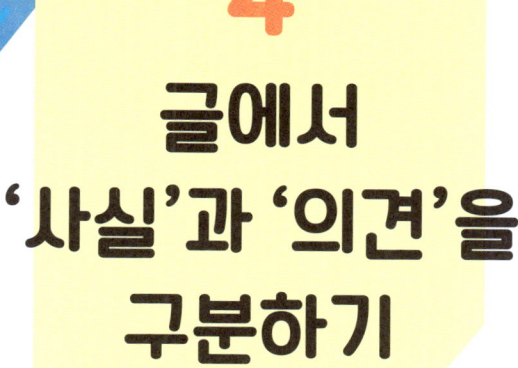
일에 대한 의견

사실과 의견

태양은 동쪽에서 떠서 서쪽에서 진다.
지구가 시계 반대 방향으로 자전하기 때문이다.

지구가 시계 방향으로 자전한다면
우리는 해맞이하려고 서해로 갈 것이다.

튤립 같은 꽃들은 해가 뜨면 꽃잎을 열고
해가 지면 꽃잎을 닫는다.

그 꽃들은 열심히 일하는 꿀벌들에게
출퇴근 시간을 알려주려는가 보다.

꿀벌은 꽃에서 꿀을 따면서
그 식물의 번식을 돕는다.

꿀벌은 사람에게 꿀을 주는데
사람은 꿀벌에게 무엇을 주는가.

아라홍련은 씨앗이 움트기까지
땅속에서 칠백 년을 기다린 연꽃이다.

나는 그 무엇을 위하여
간절히 기다려 본 적이 있는가.

사실은 실제로 있었던 일이고
의견은 있었던 일에 관한 생각이다.

그런데,
무엇에 대하여 생각한다는 것 자체는
사실이다.

우리는 사실과 의견을 오고 간다.

　기행문이란 무엇일까요? 기행문(紀行文)은 한자어예요. 벼리 기(紀), 다닐 행(行), 글 문(文)이에요. '벼리'라는 낱말은 '그물의 위쪽을 묶은 줄'이에요. 벼리는 그물의 구조에서 매우 중요해요. 그래서 벼리를 '일이나 글의 뼈대가 되는 줄거리'라는 뜻으로 빗대어 말하곤 해요. 따라서, '기행문'을 한자대로 풀이하면, '다닌 곳 중에서 중요하게 생각한 것만 쓴 글'이에요. 국어사전에 나오는 기행문의 뜻이 여행하면서 보고, 듣고, 느끼고, 겪은 것을 쓴 글이니, 두 뜻은 서로 통해요. 기행문이란 여행하면서 보고, 듣고, 겪는 동안 중요하게 여긴 것을 쓴 글이니까요.

그런데 보고, 듣고, 겪은 것을 쓴 내용은 두 가지로 구분되어요. 하나는 **사실**을 쓴 내용이고, 다른 하나는 **의견**을 쓴 내용이에요. 이를테면, '평창 월정사 팔각 구층 석탑'에 대해 쓴 내용은 **사실**에 해당해요. 한 어린이가 기행문에 "오대산 월정사에서 석탑을 보았다. 고려 시대에 건립된 그 구층 석탑 모양은 팔각형이었고, 탑에는 연꽃무늬가 새겨 있었다."라고 썼다면, 그 기록은 '사실'에 해당해요. 반면에, 그 석탑을 올려다보며 느낀 생각을 쓴 내용은 여행자의 **의견**에 해당해요. "높이가 15m나 되는 아름다운 석탑을 세우기까지 얼마나 오래 걸렸을까? 1000년 전에도 아주 훌륭한 예술가가 살았었구나."라고 썼다면, 그 내용은 글쓴이의 '의견'이에요.

이처럼 기행문에는 어떤 사실을 쓴 내용도 있고, 글쓴이의 의견을 담은 내용도 있어요. **사실**은 실제로 있었던 어떤 일이고, **의견**은 어떤 대상이나 일에 대한 누군가의 생각이에요. 그래서 기행문이나 수필을 읽으면, 우리는

그 내용에서 사실에 해당하는 부분과 의견에 해당하는 부분을 구분할 수 있어요. 글에서 글쓴이가 보고, 듣고, 겪은 일은 사실에 해당해요. 반면에, 글쓴이의 생각이나 느낌을 쓴 내용은 의견에 해당해요. 그런데, 사실에 해당하는 내용은 글쓴이에 따라 표현 방법이 다를 뿐, 내용 자체의 성질이나 모습은 바뀌지 않아요. 팔각 구층 석탑이 육각 모양이거나 팔층이 되지는 않아요. 하지만, 글쓴이의 의견은 사람마다 달라요. 한 아이는 그 석탑을 건립한 석공을 대단한 예술가라고 생각하지만, 또 다른 사람은 석탑을 쌓느라고 쓸데없이 시간 낭비만 했다고 생각할 수도 있어요. 그래서 의견(意見)의 한자는 뜻 의(意), 볼 견(見)이에요. '누군가에게 어떤 뜻이 있다'라고 말할 때의 뜻은 생각을 의미해요. 그러므로 의견은 '무엇을 보고 생각하는 것'이에요. 그러니, '보았음에도 생각하지 않는 것'은 의견이 없는 것이에요.

• 아래의 두 물음을 읽고
  스스로의 생각을 자유롭게 써 보아요.

1. 앞의 동시에서 '사실'에 해당하는 내용과 '의견'에 해당하는 내용을 구분하세요.

2. 앞의 동시에서 '의견'에 해당하는 내용 가운데 한두 가지를 골라서 그것에 대한 자신의 의견을 자유롭게 쓰세요.

5 이야기 작품의 뒷이야기를 그럴듯하게 상상하기

이야기 작품을 보고 그 뒷이야기를
상상해 본 적이 있나요?
작품의 뒷이야기를 그럴듯하게 상상하려면
무엇을 잘 알고 있어야 할까요?
이야기 작품을 꼼꼼히 보고
그 뒷이야기를 그럴듯하게 상상해
보아요.

내가 만든
이야기

원작 「인어 공주」의 뒷이야기

차마 왕자를 해칠 수 없어 칼을 버린
인어 공주는 끝내 물방울이 되었어요.

왕자가 잠에서 깨어났어요.
인어 공주를 찾았지만, 어디에도 없었어요.
모든 장면을 지켜본 흰 새가 왕자에게
지난 일들을 다 말해 주었어요.

놀란 왕자는 몹시 슬퍼했어요.
왕자는 매일 바다에만 나가 있었어요.

바다에 눈보라가 치던 날이었어요.
바다의 신 포세이돈이 삼지창을 치켜들고
바다에서 솟아올랐어요.

포세이돈이 왕자에게 가련한 얘기를 듣고는
바닷속으로 돌아가 마녀를 징벌했어요.
뉘우친 마녀는 공중의 눈송이들을 모았어요.

물방울이 되어 공중에 흩어져 있던
인어공주가 눈사람 모습으로 나타났어요.
왕자가 눈사람을 끌어안고 눈물 흘렸어요.

눈사람의 어깨에 왕자의 눈물이 닿자
눈사람은 원래의 인어공주로 변했어요.

모든 것이 처음으로 돌아갔어요.
왕자는 궁전으로 돌아갔고
인어공주는 바닷속으로 떠났어요.

헤어지며 흔든 인어와 왕자의 슬픈 손짓이
해변의 파도가 되었어요.
그 후 지금도 세상의 해변에는 파도가
바다와 육지를 쓸쓸히 오가요.

　감동적인 동화나 영화를 끝까지 보고는 잠시 생각에 잠긴 적이 있나요? '그 후에는 주인공이 어떻게 되었을까?' 하는 마음으로 말이에요. 그랬다면, '뒷이야기가 아마 이렇게 진행되지 않았을까?' 하는 마음으로 주인공의 행복을 빌기도 했을 거예요. 동화든, 영화든 이야기는 작가의 상상이어서 그 뒷이야기는 누구도 알 수 없어요. 아니, 없는 뒷이야기는 누구나 상상할 수 있어요. 실제로 있었던 일이 아니니까요. 그래서 어떤 이야기에 푹 빠진 독자나 관객은 그 작품의 뒷이야기를 그럴듯하게 상상하곤 해요.

　그런데 그 상상이 **그럴듯해야** 남에게 들려주어도 귀담

아들을 거예요. 그러려면, 상상을 들려주는 사람도, 듣는 사람도 작품 속 이야기의 흐름을 잘 알고 있어야 해요. 이야기의 흐름은 무엇일까요? 그것은 이야기마다 다르지만, 모든 이야기의 흐름에는 다음의 네 가지 요소가 있다는 점은 공통이에요. 첫째, 이야기에는 인물이 등장해요. 이야기에 어떤 인물들이 등장하는지를 잘 알아야 내용을 파악할 수 있어요. 둘째, 이야기에는 때와 장소가 나타나 있어요. 이야기가 언제, 어디에서 진행되는지를 잘 알아야 내용을 파악할 수 있어요. 셋째, 이야기에는 중요한 사건이 있어요. 이야기에 어떤 중요한 사건들이 있었는지를 잘 알아야 내용을 파악할 수 있어요. 넷째, 이야기에는 일이 일어난 차례가 나타나 있어요. 이야기가 어떤 순서로 흘러갔는지를 잘 알아야 내용을 파악할 수 있어요.

 이 네 요소를 알면, 작품의 뒷이야기를 상상할 수 있어요. 그런데 아무렇게나 상상하면 그럴듯하지 않아요. 앞선 이야기와 어울리게 상상하려면 먼저 다음의 네 가

지를 생각해야 해요. 그것은 첫째, 앞선 사건의 흐름에 어울리게끔 이을 이야기를 상상하는 것이에요. 둘째, 이을 이야기의 처음과 가운데와 끝을 생각하며 상상하는 것이에요. 셋째, 이을 이야기의 사건들 사이를 잇고 있는 원인과 결과의 관계를 생각하며 상상하는 것이에요. 그리고 가장 중요한 것은 작품의 주제를 알고 있어야 한다는 것이에요. 주제(主題)는 한자어예요. 주인 주(主), 제목 제(題)이에요. 그 뜻을 한자대로 풀면, '주인이 되는 제목'이지만, 작품에서 주제의 뜻은 작가가 이야기에서 중요하게 나타내려는 생각이에요. 따라서, 작품을 읽을 때도, 작품의 뒷이야기를 상상할 때도 주제를 알아차리는 일은 중요해요. 주제는 어떻게 찾을까요? 주제는 작품의 제목, 인물의 말과 행동, 중요한 사건 등을 살피면 알 수 있어요. 주제는 작품을 통과하는 뼈대예요. 그러니 뒷이야기를 상상할 때도 뼈대에서 너무 벗어나면 그럴듯하지 않아요.

• 아래의 두 물음을 읽고
  스스로의 생각을 자유롭게 써 보아요.

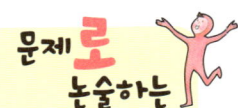

1. 월트 디즈니에서 만든 애니메이션 「인어 공주」는 결말에서 주인공이 행복해져요. 원작은 그렇지 않아요. 원작 「인어 공주」를 찾아 읽고, 그 뒷이야기를 상상하여 쓰세요.

2. 새로운 이야기를 창작하는 일과 어떤 작품의 뒷이야기를 상상하여 쓰는 일 중에서 어느 쪽이 더 쉬울까요? 대답이 어느 쪽이든, 그렇게 생각한 까닭을 쓰세요.

6
역할을 정하고, 절차에 맞게 회의하기

회의는 무엇일까요? 우리는 왜 회의를 할까요?
회의할 때는 어떤 역할이 필요할까요?
회의는 어떤 절차대로 할까요?
회의 주제는 어떻게 정하면 좋을까요?
회의 결과는 어떻게 결정하면 좋을까요?
절차에 맞게 회의해 보아요.

회의를 해요

숲속 회의

"뻐꾹, 뻐꾹! 뻐꾹, 뻐꾹!"
뻐꾸기가 숲속을 날며 곳곳에 외쳤어요.
숲속 동물들에게 회의 소집을 알렸어요.

해님도 도와서 아침 볕을 밝게 비추자
숲속 동물들이 하나둘 웅성웅성 모였어요.

사회를 맡은 종다리가 머리 깃을 세우고는
숲속 회의를 개회했어요.

그 표시로 딱따구리가 부리로 "딱! 딱! 딱!"
굴참나무 밑줄기에 망치질했어요.

숲속 회의 주제는 '숲을 지키는 방안'이었어요.
먼저 사회자 종다리가 말했어요.

"회의 참여자 여러분 모두가 알고 계시듯
이 숲은 조상 대대로 내려온 우리의 터전입니다.
그런데 최근 이 근처까지 아파트들이 지어지면서
우리의 아름다운 숲도 위협받고 있습니다.
우리는 이 숲을 지키는 방안을 찾아야겠습니다.
여러분의 지혜를 모아 주시기 바랍니다."

까치가 한쪽 날개를 추어올려 발언권을 받았어요.
까치가 반듯이 서서 또박또박 말했어요.

"새들은 멀리 날아가 살면 된다고 말들 해요.
하지만 딴 데는 그곳 텃새들이 모여 살아요.
그래서 우리도 이 숲을 떠날 수 없어요.
여길 뜨면 애써 지은 둥지도 새로 지어야 해요.
그러니 우리는 이 숲을 꼭 지켜야 해요."

까치의 발언을 딱따구리가 제 부리로
큰 고목의 밑동에 열심히 적었어요.

딱따구리는 회의 기록자이니까요.

이번에는 다람쥐가 제 꼬리를 추켜올리고는
사회자에게 발언권을 받아 말했어요.

"방금 하신 말씀에 모두가 공감할 거예요.
그러니 이 소중한 숲을 어떻게 지켜야 할지
좋은 방안을 제시하며 토의하면 좋겠어요."

이후에 청설모, 개구리, 소금쟁이, 땅강아지까지
각자 열심히 토의에 참여했어요. 그런데도
다수가 동의하는 방안은 나오지 않았어요.

그때, 발언권을 받은 달팽이가 느릿느릿 말했어요.

"우리의 간절한 소망을 이 숲의 곳곳에
여러 방법으로 써 놓으면 어떨까요?"

달팽이의 자세한 방안을 끝까지 듣고는

모두가 환하게 웃으며 손뼉 쳤어요.

회의를 마치자마자 참여자 모두 실천에 옮겼어요.

땅강아지는 숲의 길목마다 한 문장을 썼어요.
애벌레는 넓은 잎사귀에 같은 문장을 썼어요.
딱따구리는 굵은 나무껍질에 같은 문장을 썼어요.
까치는 바위 위에 흰색 똥으로 같은 문장을 썼어요.
까마귀는 땅 위에 나뭇가지로 같은 문장을 썼어요.
개구리는 수초를 엮어 연못에 같은 문장을 썼어요.

숲속 동물들이 똑같이 쓴 문장이 무어냐고요?

우리의 터전인 이 숲을 보존해 주세요!

결국, 그 숲은 생태 보존 공원으로 조성됐어요.

　회의는 무엇일까요? 회의(會議)는 한자어예요. 모일 회(會), 의논할 의(議)예요. 말 그대로, 회의의 말뜻은 '여럿이 모여서 의논함'이에요. 의논(議論)도 한자어예요. 의논할 의(議), 말할 논(論)이에요. 그래서 그 뜻은 '어떤 일에 대하여 의견을 서로 주고받음'이에요. 따라서, 의논은 둘이 앉아서 할 수도 있어요. 반면에, 회의는 더 많은 사람이 모여서 어떤 일에 대하여 정식으로 의논하는 일이에요. 대개 어떤 일의 계획을 세우거나, 어떤 문제점을 해결하기 위해 그 일과 관련된 사람들이 모여서 의논하는 일이 회의예요.

　회의할 때는 참여자들의 역할이 있어요. 당연히 회의

'참여자'가 있고, 회의를 진행하는 '사회자'가 있어요. 그리고 '기록자'도 있어요. 가족이나 직장처럼 작은 단위의 회의에서는 따로 역할을 나누지 않기도 하지만, '학급 회의'처럼 공식적인 회의에서는 역할이 필요해요. 사회자는 회의 참여자에게 회의 절차를 안내하고, 참여자에게 발언권을 주어요. 그때 사회자는 참여자 모두에게 골고루 말할 기회를 주어야 해요. 그러면 참여자는 자기 의견을 말하고, 다른 참여자들의 의견을 들어요. 기록자는 회의 내용을 기록하는 사람이에요. 그래서 기록자는 회의 시간과 장소를 기록하는 일부터, 회의하며 오고 간 여러 의견까지 모두 기록해요.

공식 회의를 할 때는 절차대로 진행해요. 먼저, 회의 시작을 알려요. 그것을 개회라고 해요. 개회(開會)의 한자는 열 개(開), 모일 회(會)예요. 말 그대로, '회의를 여는 것'이에요. 그다음은 주제를 정해요. 미리 주제를 정하기도 하지만, 정기적인 회의 때는 매번 새로운 주제

를 정해요. 회의 주제를 정할 때는 먼저, 회의 참여자들이 해결해야 할 문제점을 찾아요. 그리고, 그 문제점이 참여자들이 해결할 수 있는 것인지도 판단해요. 그다음은, 그 주제가 참여자들의 공통 관심사인지를 확인해요. 그렇다면, 참여자들이 실천할 수 있는 해결 방법을 의논해요. 그것이 '토의'예요. 토의의 말뜻은 '어떤 문제에 대하여 참여한 사람들끼리 검토하고 의논함'이에요. 그런데, 토의 과정을 거쳤음에도 참여자들의 의견이 갈라질 때는 표결로 결정해요. 표결은 찬성과 반대 의견을 헤아려 더 많은 찬성 의견으로 결정하는 방법이에요. 그러고 나면, 사회자는 그 결과를 발표해요. 그렇게 회의가 끝나면, 사회자는 폐회를 알려요. 폐회(閉會)의 한자는 닫을 폐(閉), 모일 회(會)예요. 말 그대로, '회의를 닫는 것'이에요. 회의를 열었으니, 끝낼 때는 회의를 닫는 거예요. 세상 사람들은 곳곳에서 사회를 이루고 살기 때문에 회의할 일도 많아요.

• 아래의 두 물음을 읽고
  스스로의 생각을 자유롭게 써 보아요.

1. '가족회의'를 해 보았나요? 아직 해 보지 않았다면, 부모님께 말씀드려서 가족회의를 꼭 해 보세요. 그때, 독자 여러분은 '기록자' 역할을 맡아 회의 내용을 기록해 보세요.

2. 회의할 때는 '사회자' 역할이 중요해요. 왜 그럴까요? 그 까닭을, 생각하는 대로 자유롭게 쓰세요.

7
국어사전에서 낱말 찾기

국어사전에서 낱말을 자주 찾아보면
어떤 점이 좋을까요?
국어사전에서 낱말을 찾는 방법은 무엇일까요?
낱말들끼리는 어떤 관계가 있을까요?
국어사전에서 모르는 낱말의 뜻을
찾아보아요.

사전은 내 친구

국어사전 숲의 자기소개

국어 나무가 빽빽한 저는 국어사전 숲이에요.
제겐 잎 **색깔이 바뀌는** 활엽수 낱말도 있고요,
잎 **색깔이 안 바뀌는** 침엽수 낱말도 있어요.

울창하게 잘 가꾸어진 저의 숲에는
국어 나무의 말뜻이 궁금한 사람들이 찾아와요.
학생들도 찾아오고 선생님도 찾아와요.

잎 **색깔이 바뀌는** 활엽수 낱말을 찾으려면
국어 나무의 줄기를 찾아야 해요.
'**찾아, 찾으니, 찾는**'은 색깔이 바뀌는 잎이어서
그들의 줄기이자 **기본형**인 '**찾다**'를 찾으면 돼요.

반면에, 잎 **색깔이 안 바뀌는** 침엽수 낱말은
사계절 내내 초록이어서 잎만 찾으면 되어요.

'문제, 고민, 해결'은 잎 색깔이 안 바뀌어
나무의 기본형이 따로 없어요.

또 저의 숲에는 나무들끼리 관계 맺고 있어서
포함하는 낱말 나무도 있고
포함되는 낱말 나무도 있어요.

활엽수 낱말 '움직이다'는
'뛰다, 날다, 헤엄치다'를 포함하는 낱말 나무고요,
또 다른 활엽수 낱말 '걷다, 기다, 숨다'는
'움직이다'에 포함되는 낱말 나무예요.

저의 숲에는 뜻이 반대인 낱말들도 있어요.
'크다'와 뜻이 반대인 낱말은 '작다'이고요,
'많다'와 뜻이 반대인 낱말은 '적다'이에요.

자음자와 모음자로 이루어진 저를 찾아올 때는
자음자와 모음자의 차례를 알아야 헤매지 않아요.
저를 자주 만나면 읽고 쓸 때 한결 쉬울 거예요.

　글을 읽다가 말뜻을 모르는 낱말이 나오면 어떻게 하나요? 대개는 문장의 앞뒤를 가늠하여 그 내용과 어울릴 만한 뜻을 짐작하곤 할 거예요. 그럴 수밖에 없는 상황이라면 그건 나쁜 방법은 아니에요. 하지만 사전이 가까이 있다면, 당장 사전을 찾아보는 게 가장 좋아요. 대강 짐작한 뜻이 맞지 않을 수도 있거니와, 틀리게 짐작한 뜻을 막연히 믿기까지 하면, 다른 글에서 그 낱말을 또 만나면 계속 오해하게 될 테니까요. 반면에, 모르는 낱말의 뜻을 사전에서 찾아 이해하면 읽고 있는 글의 내용도 잘 이해할 수 있을뿐더러, 다른 글에서 같은 낱말을 만나더라도 다시 사전을 찾을 필요가 없어요. 시간이 지난다고 모르는 낱말이 저절로 알게 되지는 않아요. 낱말 뜻을 정확히 알려면 언젠가 한 번은 사전을 보아야 하니 일찍 찾아보는 것이 좋아요.

그러려면 먼저 국어사전에서 낱말을 찾는 방법을 알고 있어야 해요. 그 방법을 모르면, 마치 동화책을 읽듯이 국어사전을 처음부터 끝까지 읽어 나가야 할 거예요. 그 두꺼운 국어사전을 말이에요. 국어사전에서 낱말을 찾으려면 낱말들이 빼곡한 국어사전의 '질서'를 이해해야 해요. **질서**(秩序)는 한자어예요. **차례 질**(秩), **차례 서**(序)예요. 따라서 질서는 '차례'를 강조하는 말이에요. **질서**의 말뜻을 국어사전에서 찾아보면 **'혼란 없이 순조롭게 이루어지게 하는 사물의 순서나 차례'**라고 나와요. ('순서'는 '차례'와 같은 말인데, 왜 두 낱말을 반복하여 뜻풀이했을까요?)

그럼, 국어사전에서 낱말을 찾을 때는 어떤 순서를 따라야 할까요? 국어사전에는 아주 많은 낱말이 있어요.

그리고 한글은 '자음자'와 '모음자'로 이루어져 있어요. 그래서 국어사전에서 어떤 낱말을 찾으려면, 그 낱말의 '자음자'의 순서와 '모음자'의 순서대로 찾으면 되어요. 따라서 우선, 첫 자음자가 실린 순서에 따라 찾아야 해요. 그 순서는 이래요. 'ㄱ, ㄲ, ㄴ, ㄷ, ㄹ, ㅁ, ㅂ, ㅃ, ㅅ, ㅆ, ㅇ, ㅈ, ㅉ, ㅊ, ㅌ, ㅍ, ㅎ.' 그다음은, 모음자가 실린 순서에 따라 찾아야 해요. 그 순서는 이래요. 'ㅏ, ㅐ, ㅑ, ㅒ, ㅓ, ㅔ, ㅕ, ㅖ, ㅗ, ㅘ, ㅙ, ㅚ, ㅛ, ㅜ, ㅝ, ㅞ, ㅟ, ㅠ, ㅡ, ㅢ, ㅣ.' 마지막으로는, 받침이 실린 순서에 따라 찾아야 해요. 그 순서는 이래요. 'ㄱ, ㄲ, ㄳ, ㄴ, ㄵ, ㄶ, ㄷ, ㄸ, ㄹ, ㄺ, ㄻ, ㄼ, ㄽ, ㄾ, ㄿ, ㅀ, ㅁ, ㅂ, ㅃ, ㅄ, ㅅ, ㅆ, ㅇ, ㅈ, ㅉ, ㅊ, ㅋ, ㅌ, ㅍ, ㅎ.' 그럼, '질서'라는 낱말을 국어사전에서 찾아볼까요? 먼저 자음자 'ㅈ' 부분에서 첫 번째 글자인 '질'을 찾고, 그다음에는 그 두 번째 글자인 '서'를 찾아요. '질'을 찾을 때는 첫 자음자인 'ㅈ'을 찾고, 모음자인 'ㅣ', 그리고 받침인 'ㄹ'을 차례대로 찾으면 되어요.

국어의 낱말 중에는 '책, 동물, 운동, 생각……'처럼 문장의 쓰임과 상관없이 형태가 바뀌지 않는 낱말도 많지만, 문장의 쓰임에 따라 형태가 바뀌는 낱말도 많아요. 앞의 동시에 나온 '찾아, 찾으니, 찾는' 같은 경우가 형태가 바뀌는 낱말이에요. 그런 낱말을 국어사전에서 찾으려면 어떤 낱말을 찾아야 할까요? '찾아', '찾으니', '찾는'은 국어사전에 나오지 않아요. 그래서 이처럼 형태가 바뀌는 낱말을 찾으려면, 그 낱말들의 기본형을 찾아야 해요. 그러려면, 낱말의 형태가 바뀌지 않는 부분에 '-다'를 붙이면 되어요. 그러므로, '찾아, 찾으니, 찾는'의 기본형 낱말은 '찾다'예요.

마지막으로, 낱말들의 '관계'도 알아볼까요? 대개, 낱말들끼리는 어떤 관계가 있어요. 이 단원에서는 '포함하는 낱말'과 '포함되는 낱말', 그리고 '뜻이 반대인 낱말'에 대하여 알아보아요. 형태가 바뀌지 않는 낱말이든, 형태가 바뀌는 낱말이든, 여러 낱말에는 '포함하는 낱말'

과 '포함되는 낱말'이 있어요. 그리고 포함하거나 포함되는 범위는 관계 맺은 낱말들의 특성에 따라 달라져요. 이를테면, '바다에서 사는 동물'이 포함하는 낱말은 '오징어, 갈치, 고등어……'예요. 반대로, '오징어, 갈치, 고등어'는 '바다에서 사는 동물'에 포함되는 낱말이에요. 형태가 바뀌는 낱말도 마찬가지예요. '움직이다'는 '뛰다, 날다, 헤엄치다'를 포함하는 낱말이에요. 반대로, '뛰다, 날다, 헤엄치다'는 '움직이다'에 포함되는 낱말이에요. 뜻이 반대인 낱말도 많아요. 굵다/가늘다, 좁다/넓다, 무겁다/가볍다, 높다/낮다. 이 낱말들은 서로 뜻이 반대인 낱말이에요. 우리말을 잘 알고 사용하려면 낱말들의 뜻도 정확하게 이해해야 할뿐더러, 낱말들끼리의 관계도 잘 이해하고 있어야 해요.

• 아래의 두 물음을 읽고
  스스로의 생각을 자유롭게 써 보아요.

1. 뵈다, 붉다, 볶다, 맑다, 묽다, 맵다, 밉다, 핥다, 훑다, 낡다, 낚다. 이 낱말들을 국어사전의 앞쪽에 나오는 순서대로 쓰세요. 그리고 이 낱말 중에서 말뜻을 잘 모르는 낱말이 있으면 그 뜻도 사전을 찾아서 쓰세요.

2. 형태가 바뀌는 낱말인 '잠자다'에 포함되는 낱말들을 생각나는 대로 쓰세요.

8
'제안하는 글'과 '문장의 짜임'

'제안하는 글'은 어떻게 쓰면 좋을까요?
제안하는 글에는 어떤 내용이 들어가야 할까요?
제안하는 글은 어떤 순서로 쓰면 좋을까요?
문장은 어떻게 짜여 있을까요?
'제안하는 글'과 '문장의 짜임'을 알아보아요.

이런 제안 어때요

생각쟁이의 제안하는 글

4학년 생각쟁이가 신문 기사를 읽었어요.
생각쟁이가 골똘히 생각했어요.
그러고는 글을 쓰기 시작했어요.

1. 문제 상황

초등학생 생활에 관한 신문 기사를 읽었습니다.
우리의 바깥 활동 시간을 알고 깜짝 놀랐습니다.
우리나라 초등학생들의 바깥 활동 시간이
하루 평균 약 35분에 그친답니다.
TV와 디지털 게임에 빠져 있기 때문이랍니다.
아이들의 바깥 활동 시간을 늘려야 하지만
누구든 아이들에게 강제할 수는 없습니다.
아이들에게도 활동의 자유가 있기 때문입니다.

2. 제안하는 내용

그러므로 아이들 스스로 바깥 활동을 늘린 만큼
대가를 주어서 자연스레 유도해야겠습니다.
바깥 활동에 따라 적절한 딱지를 주는 겁니다.
공놀이 딱지, 자전거 타기 딱지 같은,
놀이도 되고, 운동도 되는 딱지들을 주어서
모은 딱지에 따라 맛있는 간식이나 선물을
상으로 주면 아이들이 스스로 참여하지 않을까요?

3. 제안하는 까닭
텔레비전과 인터넷 게임은 꽤 재미있지만
아이스크림이 좋다고 너무 많이 먹으면
배탈이 나고, 당뇨병까지 생기듯이
어른도, 어린이도 바깥 활동량이 적으면
몸과 마음이 서서히 병든답니다.
활기찬 바깥 활동은 건강한 생활의 필수입니다.

생각쟁이는 연필을 멈추고 제목을 생각했어요.
제목은 글의 얼굴이어서 이렇게 지었어요.
'맛있는 바깥 활동'

자유롭게 색칠하여 그림을 완성해 보세요.

　앞의 동시에 나온 얘기는 실제 조사 내용이에요. 조사에 따르면, 우리나라 어린이와 청소년의 하루 평균 바깥 활동 시간은 7~9세는 36분, 10~12세는 35분, 13~15세는 34분, 16~18세는 43분이래요. 그만큼 실내 활동이 많은 이유는 하루 평균 2시간 이상 텔레비전, 인터넷, 디지털 게임에 빠져 있기 때문이래요. 그러니 바깥 활동 시간을 늘리자고 제안하는 글을 쓸 만하겠어요. 이처럼, '제안하는 글'에는 말 그대로, 글쓴이가 남들에게 무엇인가를 제안하는 내용이 쓰여 있어요. 그런데, 무엇인가를 제안하려면, 그럴 만한 문제 상황도 있어야 하고, 제안하는 내용도 있어야 하고, 그 내용을 뒷받침할 만한 까닭도 밝혀야 해요. 그래야 독자도 수긍할 테니까요.

그러므로, 제안하는 글을 쓸 때는 먼저, '문제 상황'을 밝혀야 해요. 그러고는 '제안하는 내용'을 표현해야 해요. 그다음은, 그렇게 '제안하는 까닭'도 글에 나타내야 해요. 또한, '제목'도 지어야 해요. 문제 상황을 밝힐 때는 무엇이 문제인지를 다른 사람이 이해할 수 있게끔 자세하게 쓰면 좋아요. 제안하는 내용을 표현할 때는 문제를 해결하기 위한 자기 방안을 설득력 있게 쓰면 좋아요. 설득력(說得力)은 한자어예요. 말씀 설(說), 얻을 득(得), 힘 역[력](力)이에요. 그 뜻을 한자대로만 풀면 '말로 얻는 힘'이지만, 설득력의 사전적 의미는 '말하는 사람의 말을 듣는 사람이 인정하도록 깨우치는 힘'이에요. 제안하는 적절한 표현으로는 "~합시다.", "~하면 좋겠습니다.", "~하면 어떨까요?" 등이 있어요. 제안하는 까닭을 드러낼 때는 왜 그렇게 제안하는지, 제안대로 하면 무엇이 좋아지는지를 쓰면 좋아요. 제목을 붙일 때는 제안하는 내용이 잘 드러나면서도, 읽고 싶은 마음이 생기게끔 지으면 좋아요. 그리고 제목은 글을 쓰기 전에 미리 정해 놓을

수도 있고, 글을 다 쓰고 나서 지을 수도 있어요.

'문장의 짜임'에 대해서도 알아볼까요? 단순한 문장은 '누가+어찌하다', '무엇이+어찌하다', '누가+어떠하다', '무엇이+어떠하다'와 같은 짜임으로 되어 있어요. 앞의 동시로 예를 들어 볼게요. '생각쟁이가 + 골똘히 생각했어요.', '몸과 마음이 + 서서히 병든답니다.' '아이들이 + 스스로 참여하지 않을까요?' '활기찬 바깥 활동은 + 건강한 생활의 필수입니다.' 이처럼, 문장의 길이가 길든 짧든, 문장은 기본적으로 문장의 짜임으로 구분할 수 있어요. 그리고 문장의 짜임을 잘 살펴보면 잘못 쓴 내용도 발견할 수 있어요. 제안하는 글이든, 설명하는 글이든, 이야기 글이든 문장에는 알맞은 짜임이 있기 때문이에요.

• 아래의 두 물음을 읽고
  스스로의 생각을 자유롭게 써 보아요.

1. '문제 상황, 제안하는 내용, 제안하는 까닭'에 맞추어 (짧게라도) 제안하는 글을 한 편 쓰고, 제안하는 내용이 잘 드러나는 제목을 지어 보세요.

2. 오늘 쓴 일기의 문장들을 '문장의 짜임'으로 구분해 보세요.

9
한글을 만든 원리를 이해하기

'문자'가 없던 옛날에는 사람들이
어떻게 생각을 주고받았을까요?
'훈민정음'은 어떻게 만들어졌을까요?
한글의 모음자와 자음자는 무엇을 본떠
만들었을까요?
효과적이고 과학적인 한글을
알아보아요.

자랑스러운 한글

한글과 영어의 만남

10월 9일에 한글과 영어가 만났어요.

받침이 없어 몸이 긴 영어가 말했어요.
"너의 기념일을 축하해.
내가 듣기로는 한글은 독특하고 쉽다더라.
나를 세계 곳곳에서 많이들 사용하지만
말은 해도, 읽고 쓰지 못하는 사람들이 많아."

축하해 줘서 고맙다며 한글이 대꾸했어요.
"그건 네 글자의 발음을 외워야 해서 그래.
네 **모음자**는 발음이 한결같지 않잖아.
apple의 a와 about의 a 발음이 다르잖니."

끄덕이는 영어에게 한글이 이어서 말했어요.
"반면에 내 글자는 **모음자**의 발음이 같아서

낱말 뜻은 잘 모르더라도 읽을 수는 있어.
더욱이 내 기본 모음은 ・ ㅡ ㅣ 이렇게 셋뿐이야.
・는 하늘을, ㅡ는 땅을, ㅣ는 사람을 의미해.
둥근 하늘, 평평한 땅, 서 있는 사람을 본뜬 거야."

한글 모음자가 자연과 사람의 조화를 존중하는
마음에서 만들어졌다는 말에 영어는 놀랐어요.

한글은 집현전 학자처럼 점잖게 말을 이었어요.
"세종 대왕께서 내 자음자를
발음 기관 모양으로 만드신 걸 알면 더 놀라겠구나.
오늘날 내 자음자는 열네 자이지만
그 자음자는 모두 ㄱ ㄴ ㅁ ㅅ ㅇ에서 태어났어.
이 다섯 자음자는 혀, 입술, 이, 목구멍 모양이어서
과학적일뿐더러, 말하기도, 읽기도, 쓰기도 쉬워.
그래서 애초에 나는 백성을 위해 태어났어."

한글을 부러워하며 영어가 말했어요.
"그래서 너를 훈민정음이라고 부르는구나!"

문자가 없던 먼 옛날에도 인류는 생각을 주고받았을 거예요. 목소리의 높낮이나 간단한 그림을 그려 생각을 전달했을 거예요. 울산광역시 울주군의 반구대를 보면 고래, 사슴, 물고기 같은 동물과 사람 모습이 넓은 바위에 새겨 있어요. 당시에는 문자가 없었지만, 그림으로 생각을 표현했던 거예요. 이후 세월이 지나 인류는 세계 곳곳에서 문자를 발명했어요. 오늘날 인류는 영어, 중국어, 스페인어 같은 여러 언어를 사용하지만, 우리나라에서는 한글을 사용해요.

한글은 우리나라 고유 문자예요. 1443년에 세종 대왕께서 훈민정음(訓民正音)을 창제하셨어요. 가르칠 훈

(訓), 백성 민(民), 바를 정(正), 소리 음(音). 그래서 훈민정음은 '백성을 가르치는 바른 소리'라는 뜻이에요. 왜 세종 대왕께서 한글을 만드셨을까요? 당시 우리 조상이 사용한 문자는 한자(漢字)였어요. 한자는 오래전에 중국에서 만들어져서 오늘날도 쓰는 문자예요. 그런데 한자(漢字)는 한자로만 표기하면 읽지도, 쓰지도 못하는 사람들이 많아요. 조선 시대에도 마찬가지였어요. 그래서 세종 대왕께서 백성들도 쉽게 글을 읽고 쓸 수 있는 문자를 만드신 거예요.

한글은 문자를 만든 원리가 과학적이에요. 한글의 모음자는 '하늘, 땅, 사람 모양'을 본떠 만들었어요. 'ㆍ'는 둥근 하늘 모양을 본떴고, 'ㅡ'는 평평한 땅 모양을 본떴고, 'ㅣ'는 서 있는 사람 모양을 본떴어요. 이 기본 모음자를 합쳐서 'ㅏ ㅑ ㅓ ㅕ ㅗ ㅛ ㅜ ㅠ'를 만들었어요. 자연(하늘, 땅)과 사람의 조화를 존중하는 마음이 느껴지지 않나요? 한글의 자음자는 사람의 발음 기관의 모양을

본떠 만들었어요. 'ㄱ ㄴ ㅁ ㅅ ㅇ'을 먼저 만들었는데, ㄱ은 혀뿌리가 목구멍을 막는 모양을 본떴어요. ㄴ은 혀가 윗잇몸에 닿는 모양을 본떴어요. ㅁ은 입 모양을 본떴고요, ㅅ은 이 모양을 본떴어요. ㅇ은 목구멍 모양을 본뜬 글자예요. 이 기본 자음자에 획을 더해서 'ㅋ ㄷ ㅌ ㄹ ㅂ ㅍ ㅈ ㅊ ㅎ'를 만들었어요. 즉, 'ㄱ → ㅋ / ㄴ → ㄷ ㅌ ㄹ / ㅁ → ㅂ ㅍ / ㅅ → ㅈ ㅊ / ㅇ → ㅎ'이 되었어요. 또, 같은 문자를 하나 더 써서 'ㄲ ㄸ ㅃ ㅆ ㅉ'이 되었어요.

한글은 모음자의 소리가 한결같아서 쉽게 발음할 수 있어요. 또 자음자와 모음자가 스물네 자뿐이어서 익히기 쉽고, 적은 수의 문자로 많은 소리를 쓸 수 있어서 효과적이고 과학적인 문자예요. 반면에 영어의 모음자는 낱말에 따라 발음이 다양하고, 중국어의 기본 문자는 삼천 개가 넘어서 읽고 쓰지 못하는 국민이 많대요. 왜 우리나라는 문맹률이 낮은지 알겠죠?

• 아래의 두 물음을 읽고
  스스로의 생각을 자유롭게 써 보아요.

1. 세종 대왕께서 한글을 만드실 때, 신하들이 반대할까 봐 한동안 알리지 않으셨대요. 당시의 많은 신하는 왜 한글 창제를 반대했을까요?

2. 한글은 중국어와 일본어보다 컴퓨터와 휴대 전화의 자판을 사용하기 쉽고, 같은 내용을 빠르게 쓸 수 있어요. 그 까닭은 무엇일까요?

10 만화 속 인물의 마음을 짐작하기

'만화'는 왜 재미있을까요?
만화와 동화는 어떤 점이 다를까요?
만화 속 인물의 마음을 짐작할 수 있는
단서들은 무엇일까요?
인물의 말과 표정과 행동과
말풍선의 모양을 살피면서
만화를 재미있게 읽어 보아요.

인물의 마음을 알아봐요

네모의 세계

만화는 네모의 세계.
만화는 네모 속 인물의 희로애락.
네모 속 인물의 기쁨, 노여움, 슬픔, 즐거움.

네모는 만화의 세계.
네모는 만화의 시간, 장소, 사건의 상자.
네모는 칸칸이 나뉘어도 이어지는 강물.

네모 속 글은 작가의 상상.
말풍선 속 글은 인물의 말.
말풍선 바깥의 글은 이야기의 상황.

네모 속 그림은 화가의 상상.
네모 속 그림은 화가의 화풍(畫風).
네모 속 그림은 인물의 마음.

인물의 마음은 네모 속 글자.
다르게 쓴 글자는 인물의 마음.
크게 쓴 글자도 인물의 마음.

인물의 마음은 인물의 모습.
인물의 표정은 인물의 마음.
인물의 행동도 인물의 마음.

인물의 마음은 말풍선 모양.
말풍선 테두리 모양은 인물의 마음.
말풍선 바깥 그림은 인물의 처지.

만화는 글+그림 이야기.
만화는 손으로 넘기는 영화.
읽다가 멈춰 배꼽 찾게 하는 이야기.

만화는 재미있어요. 만화의 재미는 동화의 재미와는 달라요. 만화는 글과 그림으로 완성한 이야기이니까요. 삽화가 포함된 동화도 있지만, 그야말로 삽화는 삽화(挿畵)일 뿐이에요. 그 한자는 꽂을 삽(挿), 그림 화(畵)예요. 한자대로 뜻풀이하면 '(글의 내용에) 꽂은 그림'이지만, 삽화의 낱말 뜻은 '책·잡지·신문에서 글의 내용을 보태거나 이해를 돕기 위해 넣는 그림'이에요. 따라서 삽화는 글을 돕는 역할을 해요. 하지만 만화에서의 그림은 매우 중요한 역할을 해요. 만화는 그림만으로도 이야기의 상황을 직접 표현하니까요. 만화의 그림은 그 대상의 현실적인 모습보다 과장되어 있고, 단순하게 그려져 있어요. 높은 산이나 대궐집은 현실보다 단순하게 그려져 있고,

감정을 나타내는 인물의 표정은 현실보다 과장되어 있어요. 그래서 독자는 장소와 인물의 그림을 보고는 이야기의 상황을 금방 알아차릴 수 있어요.

그리고 같은 이야기일지라도, 동화 속 글보다 만화 속 글이 더 짧아요. 만화는 글과 그림을 각각의 네모 칸에서 표현해요. 그래서 만화는 글을 길게 쓰기 어려워요. 따라서, 동화에서라면 "도대체 이런 일이 어떻게 일어난 거지?"라고 쓸 글을, 만화에서는 "어찌 된 일이지?"라고 간단하게 표현해요. 대신에 만화는 말하는 인물의 표정을 그림으로 나타내요. 그 두 가지로 독자는 만화 속 이야기의 상황을 한눈에 알아차릴 수 있어요.

만화 속 인물의 마음을 짐작할 수 있는 구체적인 단서들은 무엇일까요? 만화 속 인물의 마음은 인물의 말과 표정과 행동에 나타나 있어요. 인물의 말은 말풍선 안에 글로 쓰여 있어요. 그런데 화가는 그 글자의 모양을 다르게

하거나, 크기를 다르게 하는 방법으로 인물의 마음 상태를 표현하곤 해요. 그때의 글자는 '글'이기도 하지만, '그림'이기도 한 거예요. 또한, 말풍선의 테두리 모양으로도 인물의 마음을 짐작할 수 있어요. '큰 소리'를 나타낼 때는 말풍선 테두리를 뾰족뾰족한 모양으로 그리곤 해요. 그리고 인물 모습의 배경 그림에서도 인물의 마음을 짐작할 수 있어요.

 사람들이 좋아하는 만화일수록 이야기 자체뿐만 아니라, 인물들의 말투와 몸짓이 재미있어요. 만화 속 인물들의 표정과 몸짓은 현실보다 훨씬 과장되어 있어서 재미있어요. 만화 속 사건이 현실에도 있을 법한 이야기이든, 전혀 그렇지 않든, 독자는 경쾌한 손놀림으로 만화의 책장을 넘겨요. 계속해서 상상하게 하는 뒷이야기가 궁금하니까요. 그것이 만화의 매력이에요.

• 아래의 두 물음을 읽고
  스스로의 생각을 자유롭게 써 보아요.

1. 자신이 좋아하는 만화는 어떤 종류인가요? 이 물음의 대답과 함께, 그런 만화를 좋아하는 까닭을 쓰세요.

2. 오늘의 일기를 여러 개의 네모 칸을 만들어서 만화로 표현해 보세요.

11
끝맺은 영화의 '이어질 장면'을 상상하기

사람들은 영화를 어떤 방법으로 찾아서 관람할까요?
여럿이 같은 영화를 보았는데도 관람한 느낌은
왜 서로 다를까요?
영화의 이어지는 내용을 우리는
어떻게 상상할까요?
끝맺은 영화의 이어질 장면을
상상해 보아요.

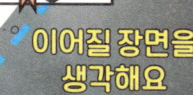

이어질 장면을
생각해요

서로 다른 관심

친구들과 함께 우리 집에서 영화를 보았어요.
친구 모두가 좋아하는 「어벤져스」였어요.

악당에 맞서는 영웅 모두가 중심인물이지만
영화를 보고 나서 서로 신나게 이야기해 보니
친구들이 좋아하는 등장인물은 제각각이었어요.

강철이는 인간 로봇, '아이언맨'을 좋아했어요.
과학 과목을 좋아하는 그 친구는
아이언맨의 과학 기술 능력에 반해 버렸대요.

용호는 천하무적, '헐크'를 좋아했어요.
평소에 화를 잘 내는 그 친구는
화난 헐크의 모습에서 자기를 보았대요.

예진이는 천둥의 신, '토르'를 좋아했어요.
그 친구는 번개와 망치를 맘대로 다루는 토르가
미남 배우여서 제일 멋있었대요.

저는 유일한 여성 인물인 '블랙 위도우'와
현대판 로빈 후드인 '호크 아이'가 좋았어요.
그 두 인물은 초능력자는 아니지만
사람으로서는 가장 탁월한 전사였어요.

이 영화는 시리즈여서 다음 편들이 나와 있지만
우리는 이어질 장면이 궁금했어요.

우리는 각자가 생각한 뒷이야기를 꺼내 놓았어요.
재밌는 것은 각자가 좋아하는 인물이 다음 편에서
더 돋보이게 활약할 것 같다는 상상이었어요.

우리는 하나같이 장담했지만
실제로 그런지는 다음 주에 우리 집에 또 모여서
영화의 다음 편을 보고 확인하기로 했어요.

자유롭게 색칠하여 그림을 완성해 보세요.

　'영화'는 많이 사람이 관심 있어 하는 볼거리예요. 오늘날 영화는 세계 곳곳에서 꽤 많이 제작되고, 그만큼 영화 산업이 크게 번성했어요. 그래서 사람들은 영화관에 가는 일이 일상이 되었어요. 사람들은 눈에 띄는 영화가 개봉될 즈음이면 **광고**도 꼼꼼히 보고, **등장인물**도 확인하고, **예고편**도 찾아보고는 어떤 영화일지를 **상상**해요. 그러고는 인터넷으로 예매하거나 가까운 사람과 함께 영화관을 방문하여 상영 시간에 맞춰 영화를 관람해요. 또는 이미 상연을 마친 영화는 비교적 낮은 가격에 내려받기(다운로드)하여 집에서 편한 시간에 가족과 함께 텔레비전이나 컴퓨터 화면으로 관람하곤 해요.

그런데, 가족이나 친구들과 함께 영화를 관람했는데도, 기억에 남는 장면이나 마음에 와닿은 대사가 무엇이었는지를 서로 얘기하다 보면, 그 장면과 대사가 서로 다른 경우가 많아요. 사람마다 관심이 다르기 때문이에요. 관심(關心)은 한자어예요. 관계할 관(關), 마음 심(心)이에요. 한자대로만 뜻풀이하면, '마음이 관계한 것'이지만, 관심의 사전적 의미는 '어떤 것에 마음이 끌려서 주의를 기울임'이에요. 간단히 말하면, 관심은 '마음이 향하는 것'이에요. 그래서, 관람자마다 관심이 달라서 마음이 끌린 장면과 대사도 서로 달라요. 앞의 동시에서처럼, 세계적으로 흥행한 영화 「어벤져스」의 중심인물 가운데 더욱 눈길을 끈 인물이 관람자마다 다르듯이 말이에요. 그것은 만화 영화도 마찬가지예요.

그리고, 감동하여 본 영화일수록 관람자의 마음속에 오래 남아요. 아쉽게 끝맺은 영화일수록 다음 장면이 궁금해져요. 그래서 우리는 자기도 모르게 이어질 내용을

상상하곤 해요. '상상'은 생각하는 정신 활동이에요. 그리고 생각은 '생각할 거리'에서 시작해요. '생각의 재료'에서 생각이 이어진다는 말이에요. 그래서 끝맺은 영화의 이어질 이야기를 상상하는 관람자는 영화의 흐름을 따라갈 수밖에 없어요. 그 흐름에서 벗어나면 전혀 다른 이야기가 돼 버릴 테니까요. 따라서, 다음 장면을 상상하는 관람자는 영화 속 중심인물과 사건 사이에서 이야기가 이어질 방향을 고민하게 되어요. 마치 본인이 등장인물이 된 듯이 말이에요. 그런 상상은 재미있어요. '없는 것'을 '있게' 하는 일이니까요. 영화의 매력은 그렇게 확장되어요. 영화는 여러 분야를 혼합하여 만들어서 더욱 그래요. 영화에는 이야기가 있고, 이야기에 어울리는 음악도 있고, 그 두 배경에는 멋진 미술도 있고, 뛰어난 기술로 꾸민 환상적인 영상도 있어요. 그래서 영화를 종합 예술이라고 해요.

• 아래의 두 물음을 읽고
  스스로의 생각을 자유롭게 써 보아요.

1. 감동하며 본 영화가 있나요? 있다면, 그 영화의 제목을 다른 제목으로 지어 보세요.

2. 자신이 재미있게 본 영화 한 편으로 골라서, 그 영화의 '이어지는 내용'을 자유롭게 상상하여 몇 문장으로 쓰세요.

12
진심을 표현한 편지글 쓰기

사과나 고마움을 표현하는 편지글을 쓸 때는
어떻게 적어야 할까요?
편지글에서 '있었던 일'을 돌이켜 나타낼 때는
누구의 입장으로 써야 할까요?
사과하는 마음이든,
고마워하는 마음이든
진심을 담아 편지글을 써 보아요.

마음을 전하는
글을 써요

마음 자전거

내 마음은 바람 빠진 자전거.
마음 바퀴를 굴리지 않아 멈췄던 자전거.

내 마음은 가만있던 자전거.
마음 안장에 앉지 않아 서 있던 자전거.

하지만 이제 내 마음은 달리는 자전거.
용기 내어 마음 발판을 밟는 자전거.

내 마음은 되새기는 자전거.
친구와 있었던 일을 **떠올리는** 자전거.

내 마음은 부끄러운 자전거.
"미안해."라고 정직하게 **글로 쓰는** 자전거.

내 마음은 감사하는 자전거.
"고마워."라고 진실하게 **표현하는** 자전거.

내 마음은 헤아리는 자전거.
글을 읽을 친구 마음을 **짐작하는** 자전거.

내 마음은 확인하는 자전거.
맘이 글에 잘 나타났는지 **검토하는** 자전거.

내 마음은 배달하는 자전거.
마음 담은 편지를 친구에게 **전달하는** 자전거.

그리고 내 마음은 배려하는 자전거.
남의 붙임쪽지를 가리지 않게 **써 붙이는** 자전거.

그래서 내 마음은 **마음을 전하는** 자전거.
미안함, 고마움, 반가움을 가득 싣고
씽씽 달리는 마음 자전거.

다투고 나서 오히려 친해진 친구가 있어요. 왜 친해졌을까요? 서로가 다가가 화해했을 수도 있지만, 다툼을 일으킨 친구가 먼저 사과했을 수도 있어요. 말로 사과했을 수도 있고, 편지글로 사과했을 수도 있어요. 사과했다는 것은 뉘우친 마음을 상대에게 전했다는 거예요. 그런데 편지글로 마음을 전할 때는 직접 말하는 게 아니어서 몇 가지 내용을 글에 드러내야 해요. 첫째, 편지글을 받을 사람을 편지에 나타내야 해요. '친구 ××에게' 식으로 말이에요. 둘째, 편지글을 누가 썼는지도 드러내야 해요. 그 이름은 편지글의 앞부분에 나타내도 되고, 끝부분에 밝혀도 되어요. 셋째, 편지글을 쓰는 까닭을 드러내야 해요. 그 편지가 사과하는 내용이라면, '어제 네게 너무 심하게 말한 것 같아. 미안해.' 식으로 말이에요. 넷째, 편지글을 받을 사람에게 전하는 말을 표현하는 거예요. 편지글에 '전하는 말'이 없으면 아무 소용없어요.

그런데, '전하는 말'을 쓸 때는 있었던 일을 먼저 밝혀야 해요. 그것이 어제 교실에서 있었던 일이라면, 그 상황을 돌이켜서 글에 나타내야 해요. 그래야 편지를 받은 사람도 그 일을 머릿속에 떠올릴 수 있으니까요. '있었던 일'을 밝힐 때는 '제삼자'의 입장으로 적어야 해요. 제삼자(第三者)는 한자어예요. 차례 제(第), 셋 삼(三), 사람 자(者)예요. 한자대로만 뜻풀이하면, '세 번째 사람'이지만, 제삼자의 뜻은 '어떤 일에 직접 관계가 없는 사람'이에요. 두 사람이 다툰 일이라면, '세 번째 사람'은 곁에서 지켜본 사람이에요. 그래서 '있었던 일'을 밝힐 때는 남의 입장으로 써야 해요. 그래야 어느 한쪽으로 기울어지지 않게 그 상황을 얘기할 수 있어요.

그러고 나면, 글쓴이의 마음을 진실하게 표현해야 해요. 그것이 사과하는 내용이라면, 자신의 잘못을 드러내고 뉘우치는 마음을 표현하는 거예요. '화낼 일도 아니었는데, 내가 왜 그렇게 함부로 말했는지 모르겠어. 내가 어리석었어. 미안해. 사과할게.' 식으로 말이에요. 고마움을 나타내는 편지글도 진심을 담아 표현해요. 그저 '어제는 고마웠어.'라고만 쓸 것이 아니라, '그 일은 내가 할 일이었는데, 네가 나서서 도와주어서 고마웠어.' 식으로 말이에요. 이처럼 편지글을 쓸 때는 글쓴이 마음을 자세하게 적으면 좋아요. 우리가 동화를 읽을 때 자세하고 실감 나는 이야기에 감동하듯, 편지글도 자세하고 진실하게 표현되었을 때 글쓴이의 진심이 느껴져요. 그래서 편지글을 쓸 때는 읽을 사람의 마음도 헤아려야 해요. 편지글에도 독자가 있으니까요.

- 아래의 두 물음을 읽고
  스스로의 생각을 자유롭게 써 보아요.

1. 친구나 가족에게 미안한 마음이 있는데 사과하지 못한 적이 있나요? 또는 고마운 마음이 있는데 그 감정을 표현하지 못했었나요? 그렇다면, 이제라도 편지글을 써서 진심을 전해 보세요. 용기는 이럴 때 내는 거예요.

2. 언제였든, 자신과 '다툼이 있었던 일'을 떠올려서 그 상황을 제삼자의 입장으로 적어 보세요.

13
'대화 예절'을 지켜서 바르게 대화하기

대화를 잘하려면 어떻게 말하고 행동해야 할까요?
웃어른과는 어떻게 대화해야 할까요?
친구끼리는 어떻게 대화해야 할까요?
온라인 대화는 어떻게 하면 좋을까요?
'대화 예절'을 지켜서 바르게
대화해 보아요.

바르고 공손하게

'대화 예절' 표어 짓기

마음으로 배운 예절
행동으로 나타난다

한번 뱉은 거친 말에
두고두고 후회한다

대화 예절 무시하면
친구 사이 틀어진다

귓속말은 나쁜 습관
고운 말은 좋은 습관

웃어른을 뵐 때마다
내가 먼저 배꼽 인사

어른들껜 공손하게
친구에겐 다정하게

운동할 땐 낮춤말로
회의할 땐 높임말로

들을 때는 경청하고
말할 때는 손을 들고

그림말*은 기분 좋게
줄임 말은 알 수 있게

좋은 표어 간단하고
멋진 표어 분명하다

＊ 그림말: 휴대 전화나 컴퓨터로 문자와 기호를 조합해 만든 그림 문자. 흔히 이모티콘(emoticon)이라고 부르며, 감정을 간단히 표현할 때 사용합니다.

귓속말은 나쁜 습관
고운 말은   좋은 습관

우리는 여러 사람과 대화하며 생활해요. 대화(對話)는 한자어예요. 대할 대(對), 말씀 화(話)예요. 그래서 그 뜻은 '마주하여 말을 주고받음.'이에요. 그런 만큼 '대화'는 일상생활에서 아주 중요한 활동이에요. 그런데 대화를 잘못하면 사람들과의 관계가 불편해져요. 그럼, 대화는 어떻게 해야 잘하는 걸까요? 대화의 기본은 예절을 지키는 것이에요. 예절은 '상대방을 위하는 마음과 질서를 지키는 마음을 표현한 말과 행동'이에요. 상대방을 위하는 마음은 '배려'예요. 질서는 '규칙'이에요. 그래서 대화할 때는 상대방을 배려하고, 규칙을 지켜 말해야 해요.

웃어른께는 바른 자세로 얼굴을 바라보며 높임 표현

으로 공손히 말해야 해요. 간혹 웃어른께 "수고하셨습니다."라고 말하는 어린이도 있는데, 그 말은 높임말이지만 잘못된 표현이에요. '수고하다.'라는 말은 비슷한 관계에 있는 사람끼리나 윗사람이 아랫사람에게 하는 말이에요. 또, 친구들과 대화할 때도 친구들이 불편해할 말과 행동은 하지 말아야 해요. 친구가 말하고 있을 때 불쑥 끼어들어 말을 자른다든지, 여럿이 함께 있을 때 귓속말을 한다든지, 친구 얘기는 듣지 않고 자기 말만 한다든지, 거친 말을 내뱉으면 친구 관계는 불편해져요. 특히, 학급 회의를 할 때처럼 공식적인 자리에서는 다른 사람의 의견을 경청하고, 자신의 의견을 말할 때는 사회자를 향해 손을 들어서 발언권을 얻어 말해야 해요. 그런 태도가 질서를 지키는 행동이에요.

온라인 대화를 할 때는 어떻게 하면 좋을까요? 온라인 대화는 컴퓨터나 휴대 전화의 대화 화면을 이용하여 둘이나 여럿이 함께 말을 주고받은 활동이에요. 그래서 온

라인 대화에서는 상대의 얼굴을 못 보고 실시간으로 글로만 말을 주고받아요. 그러다 보니, '그림말'이나 '줄임 말'을 사용하는 일이 흔해졌어요. 영어로는 이모티콘(emoticon)이라고 일컫는 그림말은 글자 대신 감정을 표현하는 일종의 '기호'예요. 그림말은 잘 사용하면 간편하게 기분을 표현할 수 있어서 장점이 되지만, 잘못 사용하면 짓궂은 장난이 되어서 상대의 기분을 불쾌하게 할 수도 있어요. 줄임 말은 지나치게 사용하면 글쓰기 생활을 흐트릴뿐더러, 맞춤법과 띄어쓰기의 익힘을 방해해요. 또 '줄임 말'은 기호와 같아서 상대가 알아차릴 수 있게 사용해야 해요. 그리고 온라인 대화에서도 예절을 지켜야 해요. 대화명은 자신이 누구인지 알게끔 설정해야 하고, 대화하다가 아무 말도 없이 갑자기 퇴장하지 말아야 해요. 대화는 서로의 생각과 느낌을 자유롭게 주고받는 중요한 활동이지만, 자유로운 만큼 예절도 잘 지켜야 서로가 즐거워요.

• 아래의 두 물음을 읽고
  스스로의 생각을 자유롭게 써 보아요.

1. 앞의 동시를 참고하여, '대화 예절'을 주제로 표어를 지어 보세요.

2. 온라인 대화를 한 자신의 경험을 떠올려서 '그림말'과 '줄임 말'의 단점을 자유롭게 쓰세요.

14
'인물·사건·배경'을 살피며 이야기 읽기

세상에 있는 이야기들의 공통점은 무엇일까요?
이야기의 '배경'은 무엇과 무엇으로
나눌 수 있을까요?
이야기를 잘 읽는 방법은 무엇일까요?
이야기 속의 '인물'과 '사건'과 '배경'을
살피며 이야기를 읽어 보아요.

이야기 속 세상

셋 중에 하나만 없어도

약 47억 년 전, 은하계에 태양이 생겼다.
시간은 계속 흘러 행성들도 생겨났다.
한참 지나 푸른색이 된 행성도 있었는데
그 이름은 먼 훗날, '지구'라고 불렸다.

이 이야기에서 사건과 배경은 심심했어요.
이야기에 사건과 배경은 있지만
인물이 없어서 심심했어요.

갈릴레이가 보름달을 바라보았다.
밝은 달에 얼룩무늬가 있었지만
맨눈으로는 분명히 보이지 않았다.
그 후 그는 망원경을 발명했다.

이 이야기에서 인물과 사건은 궁금했어요.

이야기에 인물과 사건은 있지만
공간적 배경과 시간적 배경이 없어서 궁금했어요.

세종 대왕은 1397년에 한양에서 태어났다.
세종 대왕은 태종의 셋째 아들이었다.
세종 대왕은 전주 이씨였다.
세종 대왕은 조선조의 네 번째 임금이었다.

이 이야기에서 인물과 배경은 졸렸어요.
이야기에 인물과 배경은 있지만
사건이 없어서 졸음이 찾아왔어요.

피터 팬이 개에게 빼앗긴 그림자를 되찾았다.
피터 팬이 아이들과 함께 네버랜드로 날아갔다.
네버랜드에서 피터 팬이 해적 일당을 물리쳤다.
후크 선장이 시계 소리를 내는 악어에게 쫓겼다.

드디어 인물과 사건과 배경이 행복했어요.
셋 중에 하나만 없어도 이야기는 될 수 없어요.

　옛날이나 지금이나 사람들은 이야기를 좋아해요. 그런 만큼 세상에는 참 많은 이야기가 있어요. 「콩쥐 팥쥐」와 「신데렐라」처럼 비슷한 이야기도 있고, 「홍길동전」과 「피터 팬」처럼 다른 이야기도 있어요. 서점에 가면 매일 새로 나온 동화책이 독자를 기다리고 있어요. 탁월한 작가들이 기발한 상상력으로 지어낸 이야기들은 서로 다른 줄거리로 독자의 마음을 사로잡아요. 그런 만큼 이야기는 '이야기'라는 점은 같아도, '내용'은 달라서 독자들은 읽는 재미를 느껴요.

　그런데, 이야기에는 공통점이 있어요. 그것은 세 가지인데, ==모든 이야기에는 **인물**과 **사건**과 **배경**이 있다는 것==

이에요. 가만히 생각해 보아요. 등장인물이 나오지 않는 이야기가 있나요? 이야기 속의 인물이 사람이든, 동물이든, 식물이든, 돌멩이이든 등장인물이 나오지 않는 이야기는 없어요. 인물이 없으면 이야기가 되지 않으니까요. 사건이 없는 이야기가 있나요? 사건 없는 이야기는 이야깃거리가 되지 않아서 아무런 재미가 없을 거예요. 배경이 없는 이야기가 있나요? 이야기에는 사건이 벌어진 '장소'와 '때'가 나타나 있어요. 우리가 지구라는 공간과 21세기라는 시간 속에서 생활하듯이 말이에요. 그래서 이야기의 '배경'은 '공간적 배경'과 '시간적 배경'으로 나눌 수 있어요. 다시 말하면, 이야기에서 '언제'에 해당하는 내용을 시간적 배경이라 하고, '어디에서'에 해당하는 내용을 공간적 배경이라고 해요. 따라서, 이야기를 읽을 때 작품 속 '인물'과 '사건'과 '배경'을 살피면 이야기가 폭넓게 보여요.

 이야기를 잘 읽는 방법은 또 있어요. 첫째는 인물의 성

격을 짐작하며 읽는 것이에요. 작가가 이야기를 지을 때는 인물의 성격과 됨됨이를 정하여 사건을 만들어요. 그러지 않으면 이야기가 그럴듯하지 않을 테니까요. 해적 후크 선장이 착했다면, 정의로운 피터 팬이 무찌르지 않았을 거예요. 인어 공주가 왕자를 진심으로 사랑하지 않았다면, 스스로 물거품이 되지는 않았을 거예요. 이처럼, 인물의 성격을 짐작하며 이야기를 읽으면 그 내용도 잘 느낄 수 있고, 작가의 상상에도 바짝 다가갈 수 있어요. 둘째는 사건의 흐름을 생각하며 읽는 것이에요. 사건의 흐름에는 원인과 결과가 있어요. 이야기 속 사건의 원인을 무심코 지나치면 사건의 결과를 읽을 때는 어리둥절해져요. 피터 팬이 웬디네 집에 다시 찾아간 이유는 그 집 개에게 빼앗긴 자신의 그림자를 되찾기 위함이에요. 이처럼, 사건의 흐름을 생각하며 이야기를 읽으면 이야기가 왜 그렇게 전개되는지를 잘 알아차릴 수 있어요. 이야기도 아는 만큼 즐기는 거예요.

• 아래의 두 물음을 읽고
  스스로의 생각을 자유롭게 써 보아요.

1. 「피터 팬」 이야기의 '공간적 배경'을 나누어 쓰세요.

2. 「피터 팬」의 등장인물인 후크 선장은 왜 시계 초침 소리를 싫어할까요? 이야기를 떠올리며 자유롭게 쓰세요.

15 '문장의 짜임'을 이해하고, 의견을 제시한 글 쓰기

우리말의 기본 문장은 어떻게 짜여 있을까요?
'문장의 짜임'을 구분하여 끊어 읽으면
어떤 점이 좋을까요?
자기 의견을 제시하는 글은
어떻게 쓰면 좋을까요?
자기 의견을 분명히 제시하여
예의 바른 글을 써 보아요.

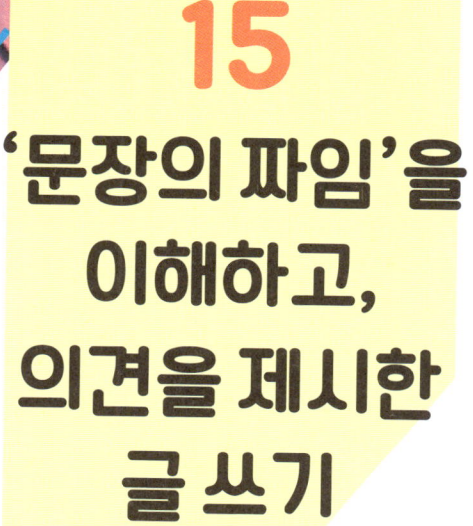

의견이 드러나게
글을 써요

주은이의 의견

('누가/무엇이+어찌하다/어떠하다'로 쓴다)

한국인 여러분, 안녕하세요?
저는 김해 김씨, 김주은이에요.
저의 피부색은 가무잡잡하지만
제 이름에서 알 수 있듯 저는 한국인이에요.

(문제 상황을 제시한다)

그런데, 종종
저를 동남아 사람으로 여기시는 분들이 계세요.
저는 한국에서 태어난 한국인인데도요.

(의견을 제시하고 까닭도 밝힌다)

제 아빠는 한국에서 태어난 한국인이시고,
제 엄마는 태국에서 태어나 그곳에서 자라셨지만
제 아빠와 결혼하시면서 한국인이 되셨어요.

그래서 우리 가족은 모두 한국인이에요.
그러니 저를 같은 한국인으로 대해 주세요.

(의견을 뒷받침하는 내용을 덧붙인다)
한국인 중에는 미국인과 결혼해서
미국인이 되신 분들도 계세요.
그래서 그분들의 아이는 당연히 미국인이에요.
그런데 그분들의 아이가 미국에서 차별받는다면
그 아이의 가족과 동포는 마음 아프실 거예요.

(예의 바르게 표현하여 설득한다)
저도 마찬가지예요.
저의 뿌리는 두 갈래이지만
저의 줄기와 가지와 잎과 꽃은
한국 땅에서 자라나고 있어요.
제가 이 땅에서 열매를 맺을 수 있게
한국인 여러분께서 햇볕의 눈길을 보내주세요.
그러면 저는 성실한 국민이 될 테에요.
저는 대한민국을 사랑합니다.

우리말의 기본 문장은 '누가/무엇이+어찌하다', 또는 '누가/무엇이+어떠하다'로 짜여 있어요. 그중 '어찌하다'는 움직임을 나타내는 말이에요. '걷는다, 구른다, 헤엄친다' 따위가 '움직임'을 나타내는 말에 해당해요. 그래서 '아기가+아장아장 걷는다.' '반달곰이+신나게 구른다.' '돌고래가+빠르게 헤엄친다.' 식의 문장이 '누가/무엇이+어찌하다'로 짜인 문장이에요. 그리고 '어떠하다'는 성질이나 상태를 나타내는 말이에요. '파랗다, 끓는다, 네모지다' 따위가 '성질이나 상태'를 나타내는 말에 해당해요. 그래서 '가을 하늘이+눈부시게 파랗다.' '주전자 속의 물이+팔팔 끓는다.' '새로 산 지우개가+반듯하고 네모지다.' 식의 문장이 '누가/무엇이+어떠하다'로 짜인 문장이에요.

　이처럼 **문장의 짜임**을 잘 구분할 수 있으면 글을 읽을 때 더 쉽게 이해할 수 있어서 좋아요. 다시 말하면, ==문장의 앞쪽에 해당하는 '누가/무엇이' 부분과 문장의 뒤쪽에 해당하는 '어찌하다/어떠하다' 부분을== **끊어서 읽으면**, ==한 문장의 전체 내용을 쉽게 이해할 수 있어요. 글을 쓸 때도 마찬가지예요. '누가/무엇이' 부분과 '어찌하다/어떠하다' 부분이== **자연스럽게 연결되는지**==를 생각하면서 글을 쓰면, 자신이 쓰고 있는 문장이 잘못된 문장인지 아닌지를 금방 확인할 수 있어요.== 이렇게, '문장의 짜임'에 맞는 문장을 쓸 수 있으면, 자기 의견을 제시하는 글도 쓸 수 있어요.

　자기 의견을 제시하는 글은 어떻게 쓰면 좋을까요? 제시하는 내용이 무엇이든, 자기 의견을 글로 제시하는 일에는 남을 설득하려는 목적이 있어요. 따라서, 자기 의견

을 글로 쓸 때는 먼저 **문제 상황을 제시**해야 해요. 그러고 나서, 그 문제 상황과 관련한 **자기 의견을 분명하게 제시**해야 해요. 의견을 제시할 때는 왜 그렇게 생각했는지를 함께 드러내야 해요. 의견을 밝히고, 그 **의견을 뒷받침할 내용**을 드러내면 설득력이 있는 글이 되어요. 그러면 그 글을 읽는 사람이 수긍할 수 있을 테니까요. 읽는 사람이 수긍했다는 것은 설득에 성공했다는 뜻이기도 해요. 그런데 누군가를 잘 설득하려면 의견의 내용뿐만 아니라, **예의 바르게 표현**해야 해요. 그러면 읽는 사람의 생각뿐만 아니라 마음도 얻을 수 있어요. 의견을 제시하는 글을 다 썼으면, 쓴 글을 반드시 검토해야 해요. 그것은 **문장이 자연스럽게 연결되어 있는지**를 살피는 일이에요. 어색한 문장은 고치고, 무리한 내용은 의견이 받아들여질 수 있을 정도로 고쳐야 해요. 그래야 제시하는 의견의 성과를 얻을 가능성이 커져요. 자기 의견을 제시하는 글을 쓴다는 것은 쉽지는 않은 일이에요.

• 아래의 두 물음을 읽고
  스스로의 생각을 자유롭게 써 보아요.

1. 동화책의 두 쪽 면을 펼치세요. 그러고는 '누가/무엇이+어찌하다', 또는 '누가/무엇이+어떠하다'로 쓰인 '문장의 짜임' 부분마다 색연필로 표시하세요.

2. 앞의 수필을 참고하여, 가족에게 자기 의견을 제시하는 글을 한 편 쓰세요.

16
전기문 속 인물의 삶을 생각하기

'한 사람의 일생 행적을 적은 기록'을 무엇이라고 할까요?
전기는 어떻게 읽으면 좋을까요?
'사람의 행동에 바탕이 되는 생각'을 무엇이라고 할까요?
인물이 살았던 시대와 인물의 가치관을 살피며 전기문을 읽어 보아요.

본받고 싶은 인물을 찾아봐요

전기문의 말

나에겐 있어.
나에겐 지난 일이 있어.

나에겐 없어.
나에겐 훗날 일은 없어.

나에겐 있어.
나에겐 사실 이야기가 있어.

나에겐 없어.
나에겐 지어낸 이야기는 없어.

나에겐 있어.
나에겐 실재 인물이 있어.

나에겐 없어.
나에겐 가상 인물은 없어.

나에겐 있어.
나에겐 실재 인물이 산 시대가 있어.

나에겐 없어.
나에겐 실재 인물이 겪지 않은 일은 없어.

나에겐 있어.
나에겐 실재 인물이 옳다고 믿은 생각이 있어.

나에겐 없어.
나에겐 실재 인물이 하지 않은 말은 없어.

나에겐 있어.
나에겐 실재 인물이 생활한 기록이 있어.

그 뜨거운 기록이 나야.

'전기'는 무엇일까요? 전기(傳記)는 한자어예요. 전할 전(傳), 기록할 기(記)예요. 그 뜻을 한자대로만 읽으면, '기록을 전함.'이지만, 그러면 '무엇을 기록하여 전하는지'를 알 수 없어요. 그럼 '전기'는 무엇에 대한 기록일까요? 전기는 '사람에 대한 기록'이에요. 그래서 전기는 '한 사람의 일생 행적을 적은 기록'이에요. 다시 말하면, 전기는 한 인물의 삶을 역사적 사실에 근거하여 쓴 글이에요. 흔히 '위인전'이라고 일컫는 책들이 '전기'에 해당해요. 신사임당, 이순신, 김구를 비롯해 셰익스피어, 베토벤, 미켈란젤로, 다윈, 테레사 수녀 등등의 위인전을 많은 어린이가 읽었을 거예요.

위인전(전기)은 왜 읽을까요? 아마도 부모님들은 자신들의 자녀가 위인전을 읽고 위인전의 인물처럼 훌륭한 사람으로 성장하기를 바라시는 마음에서 그 책들을 권하실 거예요. 실제로 그 소망대로 훗날 훌륭한 어른으로 성장한 자녀들도 있을 거예요. 하지만, 전기(위인전)를 읽는 까닭은 꼭 훌륭한 인물을 본받기 위함만은 아니에요. 위인전에 꼽힐 만큼 훌륭한 인물이 되려면 남다른 노력과 탁월한 능력이 있어야 해요. 그래서 위인의 삶을 본받아야 한다고 강조하면 오히려 어린이에게는 마음에 부담이 생길 수 있어요. 중요한 것은 스스로 생각하고 느끼는 것이에요. 따라서, ==위인전(전기)을 읽을 때는 그 인물의 삶을 가만히 생각할 수 있으면 좋아요.== 독자가 전기 속 인물의 삶을 가만히 생각하면, 저절로 자신의 생활도 가만히 되돌아보게 되어요. 전기를 읽는다는 것은 한 인물의 삶을 들여다보는 일이고, '삶'은 독자에게도 매우 중요하니까요.

그리고 전기(위인전)를 읽으면 전기 속의 인물이 살았던 시대와 사회까지 생각하게 되어요. 전기 속 인물들이 살았던 시대들은 우리가 살아가는 오늘날과 다르니까요. 그래서 전기를 읽을 때는 전기 속의 인물이 살았던 시대도 함께 눈여겨봐야 해요. 이순신 장군의 업적은 임진왜란이라는 전쟁 속에서 빛이 발했으니까요. 또한, 전기에는 전기 속 인물의 가치관이 잘 나타나 있어요. 가치관은 '사람의 행동에 바탕이 되는 생각'을 뜻해요. 즉, '옳다고 믿는 생각'이 가치관이에요. 따라서, 전기 속 인물의 가치관은 그 인물의 신념과 행적에서 알아차릴 수 있어요. 테레사 수녀는 인도의 가난한 사람들을 헌신적으로 사랑하고 돌본 인물이에요. 그 점에서 우리는 테레사의 가치관을 느낄 수 있어요. 잘 쓴 전기를 가만히 읽어 보아요. 그러면, 종일 마음이 기분 좋게 묵직해질 거예요.

- 아래의 두 물음을 읽고
  스스로의 생각을 자유롭게 써 보아요.

1. 위인전들을 읽는 동안 '마음에 와닿았던' 인물이 있나요? 있다면, 그 인물이 '왜 마음에 와닿았을지'를 생각하여 그 까닭을 한두 문장으로 쓰세요.

2. 앞으로 일이십 년 후에는 어떤 삶이 사회적으로 보람 있을지를 머릿속에 떠올려 자유롭게 쓰세요.

17 독서 감상문을 자주 써 버릇하기

책을 어떻게 읽고 있나요?
책을 빨리 읽는 까닭은 무엇일까요?
책을 늦게 읽는 까닭은 무엇일까요?
책을 빨리 읽으면서도
꼼꼼히 읽을 수 있을까요?
자기 생각과 느낌을 여러 형식으로
표현하여 독서 감상문을 써 보아요.

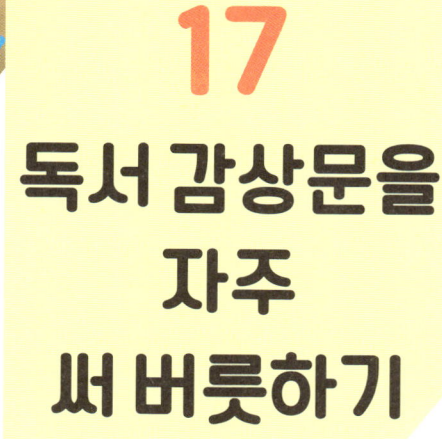

독서 감상문을
써요

열차와 간이역

책을 읽어요.
책을 읽으며 생각해요.
새로 안 내용을 머릿속에 간직해요.

이야기를 읽어요.
이야기를 읽으며 느껴요.
감동한 대목을 마음속에 심어요.

책장을 덮어요.
글쓴이의 생각을 가만히 생각해요.
글쓴이의 말이 쌓은 탑을 바라보아요.

이야기 끝에서 멈춰요.
이야기 속 인물의 마음을 느껴요.
작가의 마음이 걸어간 길을 따라가요.

연필을 쥐어요.
내 생각의 문을 열어요.
내 생각의 열차에 올라타요.
달리는 생각의 풍경을 적어요.

공책을 펼쳐요.
내 마음의 문을 열어요.
내 마음이 닿은 간이역에 내려서요.
설레는 마음의 풍경을 적어요.

생각의 노선 이름을 지어요.
마음의 간이역 이름을 붙여요.
목적지가 노선의 이름이에요.
내려선 마을이 간이역의 이름이에요.

생각은 연필을 달리게 해요.
마음은 공책에 글꽃을 피워요.
독서 감상문은 책 안팎의 여행이에요.

　여러분은 책을 어떻게 읽고 있나요? 여러분의 친구들은 책을 어떻게 읽던가요? 책을 빨리 읽는 친구도 있을 테고, 천천히 읽는 친구도 있을 거예요. 책을 빨리 읽는 친구는 어려서부터 다양한 책들을 많이 읽어서 책 읽기에 익숙할 수도 있고, 책을 대충대충 읽기 때문일 수도 있어요. 반면에, 책을 천천히 읽는 친구는 책 읽기가 익숙하지 않은 까닭일 수도 있고, 책을 꼼꼼히 읽기 때문일 수도 있어요. 여러분은 어느 쪽인가요? 책을 빨리 읽으면서도 꼼꼼히 읽을 수도 있을까요? 그것은 가능하지만, 그러려면 알고 있는 지식도 많아야 하고, 글쓴이의 마음도 잘 느껴야 해요. 모르는 지식을 만나면 책 읽기가 느려지고, 글쓴이의 마음을 잘 느끼려면 여러 상황을 이해할 수도 있어야 하니까요. 그러니 그것은 초등학생으로서는 결코 쉬운 일이 아니에요.

하지만, **빨리 읽기**와 **꼼꼼히 읽기**를 함께할 수 있는 길이 있어요. 그 길은 독서 감상문을 쓰는 습관을 들이면 점점 보이는 길이에요. 1년에 100권의 책을 읽는 사람도 시간이 지나면 읽은 책의 내용을 잘 기억하지는 못해요. 그런데, 읽은 책에 대한 ==독서 감상문을 써 버릇하면, 그 책들의 내용이 독자의 생각과 느낌과 어우러져 머릿속과 마음속에 오래 남아요==. 또 새로운 책들을 읽고 독서 감상문을 쓰면 이미 읽은 책들이 독자 내면의 문을 열고 나와 새로 읽는 책을 맞이해요. 먼저 읽은 「콩쥐 팥쥐」가 나중에 읽은 「신데렐라」를 만나서 그 둘의 공통점과 차이점을 독자에게 알려 주어요. 그것은 「신데렐라」의 독서 감상문에 나타날 거예요. 그런 독서 활동이 쌓이고 쌓이다 보면, 빨리 읽기와 꼼꼼히 읽기가 동시에 가능해져요.

　독서 감상문은 자주 쓰면 쓸수록 할 말이 많아지고, 글의 깊이도 깊어져요. 독서 감상문을 쓴 지 얼마 안 되었을 때는 **책을 읽은 동기**, **책의 중심 내용이나 줄거리**, **인상적이거나 감동한 부분**, **책을 읽으며 떠오른 생각이나 느낌** 따위를 정리하듯 간단히 쓰곤 해요. 하지만 ==독서 감상문을 자주 쓰면, **인상적인 내용**과 **떠오른 생각과 느낌**을 더 집중적으로 쓰게 될뿐더러, 이번에 **읽은 책과 비교되는 다른 책**==에 관해서도 함께 얘기할 수 있게 되어요. 또한, 그러는 동안 독서 감상문의 형식도 다양해져요. 어느 날은 **일기 형식**으로, 또 다른 날은 이야기 속의 인물이나 글쓴이에게 보내는 **편지 형식**으로, 또 어떤 날은 **동시 형식**으로 글을 쓰게 되어요. 좋아하는 음식도 매일 먹으면 다른 음식을 먹고 싶듯이, 글쓰기도 마찬가지예요. 그리고 우리가 매번 다른 책을 읽는 것도 새로움을 찾는 마음에서 비롯되어요. 그러면서 독서 활동은 넓어지고 깊어져요.

• 아래의 두 물음을 읽고
  스스로의 생각을 자유롭게 써 보아요.

1. 독서 감상문의 '제목'은 어떻게 붙이면 좋을까요?
   자신의 경험을 떠올려서 자유롭게 쓰세요.

2. 읽은 책 중에서 서로 연결 지을 수 있는 두 책을 골라 양쪽을 비교하여 독서 감상문을 쓰세요. (책을 읽는 시선이 넓어질 거예요)

18
읽은 글의 내용을 평가하기

글쓴이의 의견이 드러난 글을 읽으면
어떤 생각을 하나요?
글에 나타난 글쓴이의 의견이 적절한지,
적절하지 않은지를
어떻게 판단할 수 있을까요?
글을 읽으며 글의 내용을 평가해 보아요.

생각하며 읽어요

고쳐 쓴 '새옹지마' 이야기

먼 옛날, 중국의 변방에 노인이 살았다.
노인은 한 마리 말을 길렀다.
그 말이 어느 날 이웃 나라로 달아났다.

한마을에 사는 **갑** 씨가 노인을 찾아와 말했다.
"안됐구려. 말도 가축이니 가두어 길러야 합니다."

고개를 저으며 **노인**이 대답했다.
"말은 뛰어야 하니 가두어 기르면 안 됩니다."

한 계절이 지났다.
떠났던 말이 야생마와 함께 노인에게 돌아왔다.

한마을에 사는 **을** 씨가 노인을 찾아와 말했다.
"동물은 정성껏 보살펴 주면 보답합니다."

노인은 담담하게 대답했다.
"두 마리 말이 그저 짝을 만났을 따름입니다."

며칠 후, 노인의 아들이 새로 온 야생마를 타다가
말에서 떨어져 그만 다리가 부러졌다.

한마을에 사는 **병 씨**가 노인을 찾아와 말했다.
"안됐습니다만, 야생마는 길들일 수 없습니다."

이번에도 **노인**은 담담하게 대답했다.
"야생마도 잘 길들이면 가축이 됩니다."

얼마 후, 옆 나라와 전쟁이 일어났다.
전쟁터에 끌려간 마을 청년들이 모두 전사했다.
노인의 아들만 전쟁에 나갈 수 없어 살아남았다.

앞일은 알 수 없고, 의견은 자유롭다. 다만
의견은 현실을 어떻게 보느냐에 따라 엇갈린다.

자유롭게 색칠하여 그림을 완성해 보세요.

　여러분은 글을 읽으며 어떤 생각을 하나요? 어떤 글을 읽으면, 그 내용이 논리적이고 설득력이 있어서 저절로 고개가 끄덕여져요. 반면에, 다른 글을 읽으면, 그 내용이 억지스러워서 고개가 갸우뚱해져요. 또 어떤 글은 언뜻 읽으면 그럴듯하지만, 너무 뻔한 이야기만 늘어놓기도 해요. 우리가 국어를 익히며 책을 읽은 지 얼마 되지 않았던 어린 시절에는 글의 내용을 이해하기에 급급해서 글을 생각하며 읽을 겨를이 없었어요. 하지만 이후 우리는 이미 여러 책을 읽어 왔으니 ==책 속의 글이든, 친구들이 발표한 글이든 글을 읽을 때는 글의 내용을 생각하며 읽는 습관을 들여 보세요==. 그러면 글의 내용도 잘 이해하게 될뿐더러, 글에 나타난 글쓴이의 의견이 적절한지도 판단할 수 있어요.

　글에 나타난 글쓴이의 의견이 적절한지는 어떻게 판단할 수 있을까요? 그 판단은 글의 내용을 뒷받침하는 '근거'에 닿아 있어요. 어떤 의견이 있는 글에는 그 의견을 뒷받침하는 근거가 함께 드러나 있기 마련이에요. 앞의 동시를 예로 들게요. 갑 씨의 의견은 '말도 가두어 길러야 한다.'였어요. 그 의견의 근거는 '말이 가축이라는 점'과 '가두어 두지 않은 노인의 말이 달아난 사실'이에요. 이처럼, 의견에는 나름의 근거가 있어요. 그런데, 독자는 그 대목을 읽으며 생각해요. 갑 씨 의견의 근거가 적절한지, 아닌지를 말이에요. 의견과 마찬가지로 근거도 적절하지 않을 수 있으니까요. 동시 속의 노인은 갑 씨의 의견에 반대했어요. '말은 가두어 기르면 안 된다.'가 노인의 의견이었고, '말은 뛰어다니는 동물이다.'가 그 의견의 근거였어요. 여러분은 갑 씨와 노인 중 누구의 의견이 적절하다고 생각하나요?

　여러 글을 읽은 우리는 어느덧 글에 대한 안목이 생겼어요. 글에 나타난 의견이 적절한지 그렇지 않은지를 생각할 수 있게 된 거예요. 그것은 글을 평가하는 생각이에요. 평가(評價)는 한자어예요. 평할 평(評), 값 가(價)예요. '평하다'라는 말은 '좋음과 나쁨, 잘함과 못함, 옳음과 그름 따위를 판단하는 일'이에요. 그래서 평가의 뜻은 '(어떤 사물이나 일에 대하여) 가치나 수준을 판단하는 일'이에요. 그런데 글의 내용이 적절한지를 평가하는 일도 또 하나의 의견이에요. 그래서 평가도 적절해야 해요. 즉, 읽은 글을 적절히 평가하려면 평가를 뒷받침하는 근거가 있어야 해요. 의견을 나타내는 글에는 근거가 있고, 그 글을 평가하는 생각에도 근거가 있어요. 그리고 그 근거는 마땅해야 해요. 따라서, 글 안의 의견도, 글 밖의 의견도 마땅한 근거 위에서만 튼튼한 집이 될 수 있어요.

• 아래의 두 물음을 읽고
  스스로의 생각을 자유롭게 써 보아요.

1. 앞의 동시에서, '을 씨'의 의견과 '병 씨'의 의견을 각각 쓰고, 그 두 의견의 근거들도 찾아 쓰세요.

2. 앞의 동시에 등장하는 네 인물의 의견 가운데 한두 개를 선택하여 스스로 평가하세요.

19 시를 읽은 느낌을 여러 가지로 표현하기

시의 매력은 무엇일까요?
시를 읽으면 왜 독자의 경험이 머릿속에서
불쑥 떠오를까요?
읽은 시를 친구들에게 소개할 때는
어떻게 얘기하면 좋을까요?
시나 이야기를 읽은 느낌을
글이나 그림으로도 표현해 보아요.

감동을 나누며
읽어요

빗방울은

1. 시를 읽다

빗방울은 동그라미 만들기 선수.
개울에도 연못에도 눈동자에도
한 방울에 하나씩 금방 만드는 선수.

2. 시를 느끼고 표현하다

빗방울은 동그라미 지우기 선수.
개울에도 연못에도 눈동자에도
방금 만든 동그라미를
금방 만든 동그라미로
슬쩍궁 지우는 선수.

3. 읽고 느낀 시를 친구에게 얘기하다

빗방울은 물 위에 떨어지면
동그란 파문을 그리며 점점 퍼지잖아.
개울이나 연못에 똑똑 떨어지는
빗방울마다 동그라미를 그리지.
그 모습을 바라보는 눈동자에도
동그라미가 생긴다니 재밌잖니?

이 시를 읽고 나는
빗방울이 동그라미를 만들기도 하지만
지우기도 한다고 생각했어.
먼저 생긴 동그라미를
뒤에 생긴 동그라미가
지우면서 새로운 동그라미를 만들잖아.

시는 쓰는 이와 읽는 이의 마음을
한없이 자유롭게 해 주는 것 같아.

 시의 매력은 무엇일까요? 시에도 이야기가 있지만, 시 속의 이야기는 동화와는 사뭇 달라요. 동화 속의 이야기는 '인물, 사건, 배경(시간적 배경, 공간적 배경)'이 어우러져 진행되지만, 시 속의 이야기는 뜬금없을 만큼 각양각색으로 나타나요. 그래서 어떤 시는 시작부터 끝까지 '비행기' 얘기만 하기도 하고, 또 다른 시는 '군밤 냄새' 하나만으로 이야기를 만들어요. 또 앞의 동시처럼, 동그라미를 그리고 지우는 '빗방울'이 이야기를 끌어가기도 해요. 그래서 시는 이야기의 재료가 무엇이든, 마치 손끝에서 날아가 어느 물결을 딛고 어디로 뛰어갈지 알 수 없는 물수제비처럼 예측할 수 없어요. 그런 점이 시의 매력이 아닐까요? 시는 가는 길이 무척 자유로우니까요.

그런데 시를 읽으면 **독자의 경험**이 머릿속에서 불쑥 튀어나와요. 그것은 '기억'이에요. 그 기억은 독자가 겪었던 일이에요. '비행기'를 재료로 쓴 시를 읽으면, 독자가 기억하는 비행기의 모양과 기능 따위의 지식이 독자의 눈과 귀가 되어 시를 읽어요. 또 '군밤 냄새'를 재료로 쓴 시를 읽으면, 독자가 기억하는 군밤의 모양과 맛과 냄새와 촉감이 독자를 대신하여 그 시를 읽어요. 또 '빗방울'을 재료로 쓴 시를 읽으면, 독자가 기억하는 빗방울의 모양과 빗소리와 그 촉감이 시를 생생히 느끼게 해 주어요. 빗방울은 하늘에서 빠르게 떨어지기 때문에 바닥에 닿기 전에는 가느다란 선으로 보여서 '빗줄기'라고 해요. 하지만 빗방울이 물 위에 떨어지면 동그란 파문을 일으켜요. 그 사실과 모양을 독자는 이미 경험으로 알고 있어요. 그런 빗방울을 글쓴이는 '동그라미 만드는 선수'라고 표현했어요. 그래서 ==시 읽기는 독자가 자기 경험을 머릿속에서 끌어내 그 경험을 더 새롭게 하여 넓히는 일이에요.==

그러므로, 시를 읽고 느끼고 생각하고, 그 시에 대하여 친구들에게 이야기한다면, 당연히 그 독자는 자기 경험과 읽은 시에서 새로 느낀 부분을 더하여 말하기 마련이에요. 이를테면 이렇게 말할 수 있겠어요. "시에서 '빗방울은 동그라미 만들기 선수'라고 표현했지만, 내가 보았던 빗방울은 물 위에 떨어져서는 먼저 생긴 동그라미를 지우며 새로운 동그라미를 만들더라."라고 말이에요. 이렇게, 독자의 생각과 느낌은 친구들에게 말로 얘기할 수도 있지만, 글로 써서 읽은 시를 더 확장할 수도 있어요. 또는 그림으로 표현할 수도 있어요. 지워지는 동그라미와 새로 생기는 동그라미를 그림으로 그릴 수도 있을 테니까요. 그러고 보면, 시는 읽고 느끼고 생각하고 여러 형식으로 표현하는 동안, 마치 굴리면 굴릴수록 더욱 커지는 눈사람 같아요.

• 아래의 두 물음을 읽고
  스스로의 생각을 자유롭게 써 보아요.

1. 자신이 읽은 시 중에서 한 편을 고르세요. 그러고는 그 시의 끝부분에 이어서 스스로 창작해 보세요.

2. 자신이 읽은 시 중에서 그림으로 표현하기 좋은 시 한 편을 고르세요. 그러고는 그 시의 내용을 그림으로 표현해 보세요.

찾아보기

ㄱ

가치관   145, 147
간추리기   25~32
감동   53, 106, 108, 115, 150, 155, 165
개회   64
거친 말   118, 122
경청   119, 122
경험   26, 30, 124, 156, 165, 170~171
공간적 배경   127, 130, 132, 169
국어사전   29, 45, 67, 68, 72~74, 76
귓속말   118, 122
규칙   121
그림말   119, 123~124
그림으로 표현하기   23, 89, 165, 171~172
근거   145, 162~164
기록   46, 60, 64, 66, 141, 143, 145
기본형   68~69, 74
기억에 남는 장면   106
기행문   41, 45~46
꼼꼼히 읽기   153~154

ㄴ

높임말   39~40, 119, 122

ㄷ

단서   93, 98
대화 예절   117, 118, 124
대화명   123
독서 감상문   149, 151, 154~156
뒷받침 문장   27, 31
뒷받침하는 내용   135, 162~163
등장인물   21, 31, 102, 105, 107, 130, 132
뜻이 반대인 낱말   69, 74~75

ㅁ

만화   93~100
말풍선   93~95, 98~99
문장의 짜임   77, 83~84, 133, 138, 140
문제 상황   78, 81~82, 84, 134, 138

ㅂ

받을 사람　113~114
발언권　59~60, 64, 122
발음 기관　87, 90
배려　111, 121
빨리 읽기　154

ㅅ

사건의 흐름　55, 131
사실과 의견　42~43
사회자　58, 60, 64~66, 122
삽화　97
상대를 위하는 마음　39
상상　49, 53~56, 94, 99, 101, 103, 105, 107~108, 129, 131
새옹지마　158
생각과 느낌　17, 41, 123, 149, 154~155, 171
설득력　82, 139, 161
설명하는 글　25, 27, 30~31, 83
설명하는 말　25, 26, 29~30
세종 대왕　87, 89~90, 92, 127
시간, 장소, 사건　27, 31~32, 94
시간적 배경　127, 130, 169
실천　59, 61, 65

ㅇ

영화　53, 95, 101~108
예의　35, 39, 133, 135, 139
오행시　17~19, 22~24
온라인 대화　117, 122~124
위인전　145~148
의견　41~48, 63~65, 122, 133~140, 157~164
의논　63, 65
이야기의 흐름　54
이어질 장면　101, 103
인물, 사건, 배경　169
(작품 속) 인물에게 편지 쓰기　23
인물의 성격　130~131
인어 공주　50~51, 56, 131
일이 일어난 차례　54

ㅈ

작품의 뒷이야기　49~50, 53~56, 99, 103
전기(전기문)　141, 145~147
전하는 말　114
절차　57, 64
제목　55, 79, 82, 84, 108, 156
제삼자　114, 116

제안하는 글　77~78, 81~83
제안하는 까닭　79, 82, 84
제안하는 내용　78, 81~82, 84
주제　55, 57~58, 64~65, 124
줄거리　21, 32, 45, 129, 155
줄임말　119, 123~124
중심 문장　27, 30~31
중심인물　102, 106~107
중요한 사건　54~55
질서　72~73, 121~122

ㅊ

책을 읽은 동기　155
책의 중심 내용　155

ㅌ

토의　60, 65

ㅍ

편지글　109, 113, 114~116
평가　157, 163~164
폐회　65
포함되는 낱말　69, 74~76
포함하는 낱말　69, 74~75
표결　65

표어　118~119, 124
표정, 몸짓, 말투　33, 38~39, 98~99
피터 팬　127, 129, 131~132

ㅎ

형태가 바뀌는 낱말　74~76
형태가 바뀌지 않는 낱말　74
회의　57~66, 119, 122
회의 기록자　60, 64
회의 주제　57~58, 65
회의 참여자　59, 61, 63~65
훈민정음　85, 89~90

독서 감상문

로로로 초등 국어 4학년
동시로 생각하고, 수필로 이해하고, 문제로 논술하는

초판 발행일 2020년 7월 10일
2쇄 발행일 2022년 3월 2일
지은이 윤병무
그린이 이철형
디자인 씨디자인: 조혁준 기경란

펴낸곳 국수
등록번호 제2018-000158호
주소 경기도 고양시 일산동구 진밭로 36-124
전화 (031) 908-9293
팩스 (031) 8056-9294
전자우편 songwriter@kuksu.kr

ⓒ 윤병무, 2020, Printed in Goyangsi, Korea

ISBN 979-11-90499-09-5 74810
ISBN 979-11-90499-05-7 (세트)

- 책값은 뒤표지에 쓰여 있습니다.
- 이 책의 저작권은 저자에게, 판권은 '국수'에 있습니다.
- 이 책 내용의 전부는 물론 일부라도 재사용하려면 반드시 '국수'의 동의를 얻어야 합니다.
- 잘못 만들어진 책은 구입하신 서점에서 교환해드립니다.

이 도서의 국립중앙도서관 출판예정도서목록(CIP)은 서지정보유통지원시스템 홈페이지(http://seoji.nl.go.kr)와 국가자료공동목록시스템(http://www.nl.go.kr/kolisnet)에서 이용하실 수 있습니다. (CIP제어번호: CIP2020025899)

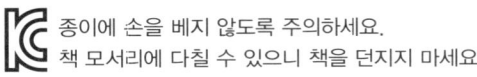
종이에 손을 베지 않도록 주의하세요.
책 모서리에 다칠 수 있으니 책을 던지지 마세요.